Reise durch

GEORGIEN

Bilder und Texte von
Walter M. Weiss

Stürtz

Erste Seite:
Wo noch in den 1990er-Jahren in Tbilisi ein Lenin-Denkmal stand, gleißt heute auf 40 Meter hoher Säule der Drachentöter Georg, Schutzheiliger des Landes, golden im Sonnenlicht.

Vorherige Seite:
Die Klosterfestung Ananuri ist ein Vorzeige-Bauwerk aus dem 16./17. Jahrhundert, der „Spätzeit" georgisch-mittelalterlicher Architektur. Zu dem spektakulären Gesamteindruck trägt auch die Lage oberhalb des Stausees von Shinwali das Ihrige bei.

Unten:
Ein Bummel über den Rustaweli-Boulevard, die mit Platanen bestandene Champs-Élysées der Hauptstadt Tbilisi, hält überraschende Begegnungen parat. Diese Schülergruppe, die da so fröhlich vor dem Eingang in die

Metro-Station posiert, konfrontiert Passanten mit der ansteckenden Aufforderung zu lächeln.

Seite 10/11: Die Festung (Rabat) von Akhaltsikhe, einer Kleinstadt in der südwestlichen Region Samzche-Dschawachetien, ist im Kern über 800 Jahre alt, wurde aber vor wenigen Jahren erst komplett rekonstruiert. Das sieben Hektar große, massiv bewehrte Areal umfasst mehrere Kirchen, eine Moschee, ein Hotel und ein sehr sehenswertes Museum für Geschichte und Kunst.

Inhalt

Gamardschoba – Willkommen auf dem Balkon Europas!

200 Kilometer nördlich der Hauptstadt Tbilisi erhebt sich, 5047 Meter hoch und mit ewigem Eis bekrönt, der erloschene Vulkan Kasbek. Der russische Dichter Michail Lermontow, der so gerne die Pracht der georgischen Natur besang, schwelgte: „Es gibt einen Berg, der in die Wolken stößt und den kein Gefährte erreicht. Der Kasbek, der König des Kaukasus, hüllt einsam sich in sein Purpurkleid."

Die Legende, die Georgier einander und ihren Gästen gerne augenzwinkernd erzählen, geht so: Als Gott, der Schöpfer, alles Land der Erde an die Völker verteilt hatte, traten als letzte sie, die Georgier, vor ihn hin. Auf die Frage, weshalb sie erst so spät kämen, bekannten sie freimütig und fröhlich: „Wir haben ein paar Flaschen guten Weins auf dein Wohl geleert." Da habe der Allmächtige milde gelächelt und gemeint: „Dann also, meine Kinder: Die Erde ist bereits vergeben. So will ich euch ein Stück von meinem Paradiese überantworten."

Nein, durchwegs ein Garten Eden ist die Heimat dieses angeblich auf so wundersame Weise beschenkten Volkes keineswegs. Georgien hat seine rauen, kahlen, steinigen Seiten und wurde von der Geschichte, sprich: seinen Nachbarn über die Jahrhunderte oft gar arg drangsaliert. Andererseits: In dem Geschichtchen steckt irgendwie doch ein Körnchen Wahrheit. Denn dieses Land, das die Russen Grusia, Grusinien, seine Bewohner selbst aber Sakhartwelo nennen, nach einem heidnischen Gott und mythischen Stammvater namens Kartlos, ist in der Tat ein besonderer Flecken Erde. Aber alles der Reihe nach. Verschaffen wir uns zunächst einen Überblick.

Georgien ist mit knapp 70 000 Quadratkilometern ziemlich genauso groß wie Bayern. Es liegt südlich der Russischen Föderation quasi im Windschatten der mächtigen Mauer des Großen Kaukasus, die mit dem Schchara (5068 Meter) ihren landesweit höchsten und dem nur minimal niedrigeren Kasbek den prominentesten Gipfel hat. Eine Art topografisches Rückgrat bildet weiter südlich, nahe der Grenze zu Armenien und der Türkei, der Kleine Kaukasus. Die beiden Massive sind durch das Lichi-Gebirge verbunden, das Georgien in zwei Hälften zerteilt. Deren Westliche wird im Wesentlichen von den Flüssen Rioni und Enguri zum Schwarzen Meer hin entwässert, die Östliche von der Kura, die in der Landessprache Mtkwari heißt, und vom Alasani, die beide südostwärts durch Aserbaidschan ins Kaspische Meer abfließen. Mehr als zwei Drittel der Landesfläche liegen über 600 Meter Seehöhe. Auf dem Rest, namentlich der Kolchischen Tief-

ebene im Westen und den flacheren Gebieten von Kartlien und Kachetien im Osten, lebt das Gros der Bevölkerung, konzentrieren sich deren wirtschaftliche Aktivitäten.
Die landschaftliche Vielfalt Georgiens ist, gemessen an seiner relativ geringen Größe, jedenfalls enorm. Es besitzt nahezu alles, was die Natur zu bieten hat: ewiges Eis im wildzerklüfteten Hochgebirge des Nordens, im Westen von Palmen gesäumte Meeresstrände, in deren Hinterland subtropische Gärten und weite Sumpfgebiete, in entgegengesetzter Himmelsrichtung sogar eine Halbwüste mit bunten, baumlosen Felsen, und dazwischen schier endlos dichte Wälder sowie überaus fruchtbare und agrarisch entsprechend intensiv genutzte Landstriche. Wobei auf Letzteren, neben Getreiden, Gemüsen, Mais und vielerlei Obst, vor allem auch Tabak, Tee, Erdnüsse und Zitrusfrüchte geerntet werden; und natürlich, mit gutem Grund weithin gerühmt: der georgische Wein. Und auch aus dem Boden holt man Schätze hierzulande seit alters her: Steinkohle und Kupfer zum Beispiel, Zink, Eisenerz, Mangan, Marmor, in bescheidenem Maße Erdöl und Erdgas, und, ja – Gold. In Sakdrissi in der südöstlichen Region Unter-Kartlien wird das edle Metall in unmittelbarer Nachbarschaft von Resten eines frühbronzezeitlichen Goldbergwerks, dem ältesten bekannten der Welt, nach wie vor in beträchtlichen Mengen geschürft.

Von fremden Völkern begehrt

Ein von der Natur so überreich gedeckter Gabentisch ist vermutlich der Hauptgrund dafür, dass dieses Land an der Nahtstelle zwischen Europa und Asien allzu oft die Begehrlichkeit anderer Völker weckte: Aus dem Unterricht vielleicht erinnerlich ist, wenngleich er vom Nebel der Mythen umhüllt bleiben muss, der Zug der Argonauten, die unter Führung Jasons dem Goldenen Vlies nachjagten. Dabei diente der Nachwelt jenes Vlies wohl als generelle Chiffre für den Reichtum Westgeorgiens, das damals, im 6. Jahrhundert v. Chr., Kolchis hieß, bereits vom Fernhandel bis nach Indien profitierte und von cleveren Griechen kolonisiert worden war. Weniger bekannt dürfte sein, dass etwa 200 Jahre zuvor schon die Urartäer sowie die indogermanischen Kimmerier und Skythen über Transkaukasien herfielen. Bald kamen die persischen Achaimeniden und verleibten ihrem Großreich Ostgeorgien ein (das in der Antike übrigens auf den für uns nachgeborene Europäer reichlich verwirrenden Namen Iberia hörte). Sie wurden, nach einem seleukidischen Intermezzo, durch die aus unmittelbarer Nachbarschaft vom Süden eindringenden Armenier abgelöst. Schließlich rangen auch auf georgischem Boden über lange Jahrhunderte die Römer und nach ihnen die

Byzantiner mit den Persern erbittert und mit oftmals wechselndem Ausgang um die regionale Vorherrschaft. Es folgten Araber, turkstämmige Seldschuken, Mongolen, die Heerscharen Tamerlans und dann, wiederum über Jahrhunderte in steten Wellen anbrandend, Türken und Perser, denen als Muslime dieses so wohlhabende, widerspenstige Christenland besonders reizvoll erschienen sein muss.

Der Charme der Hauptstadt

Exemplarisch lässt sich diese endlose Kette aus Heimsuchungen am Schicksal der Hauptstadt Tbilisi festmachen. Ihre Gründung wird, eher der Sage als historisch belegbaren Fakten folgend, mit der Regentschaft König Wachtang Gorgassalis in der zweiten Hälfte des 5. Jahrhunderts datiert. Seit damals wurde die Metropole, die man im deutschen Sprachraum als Tiflis kennt, nicht weniger als 40 Mal zerstört. Man sollte meinen, ein solch verheerendes Los hätte den Lebensmut eines Volkes dauerhaft gebrochen. Das Gegenteil ist der Fall. Vielleicht haben gerade die multiplen Traumata bei den Georgiern das Bewusstsein für die Flüchtigkeit des Daseins und daher die Kostbarkeit jedes Augenblicks geschärft; haben sie Lebenskünstler werden lassen, die Feste aus Überzeugung feiern wie sie fallen und für ein gutes Fläschchen Weins, siehe oben, sogar ein Rendezvous mit Gott sausen lassen.

Tbilisi ist eine äußerst einnehmende Stadt – nicht ohne Melancholie, aber doch auch sehr heiter, mit krummen, holprigen Gassen im Zentrum, gesäumt von schattenspendenden Akazien und Platanen und Häusern mit aufwändig geschnitzten Holzbalkonen. In den öffentlichen Parks sitzen Männer, angegraut und nur selten schlank, grübelnd über Schachbretter gebeugt. Hunde und Katzen räkeln sich gähnend in sonnengesprenkelten Innenhöfen. Vielerorts in den Straßen sieht man Senioren vor Stapeln von Büchern sitzen – antiquarischen, zum Verkauf ausgelegt, an denen manchmal noch der generationenalte Staub bürgerlicher Bibliotheken haftet. Und an Sommerabenden, wenn sich die Hitze, für die das hier enge, felsige Tal des Mtkwari (russisch Kura) berüchtigt ist, etwas gemildert hat, plätschert auf den Veranden und Außentreppen die Alltagsgeselligkeit im Andante des Südens dahin. Während in den schickeren Vierteln, auf den Trottoirs vor den neu eröffneten, trendigen Clubs und Bars Studenten, mit Smartphones bewehrt, scharenweise um die Wette flirten.

In Tbilisi bündeln sich wie in einem Brennglas alle Gegensätzlichkeiten des Landes. In den Satellitensiedlungen an der Peripherie stehen in langen Reihen schlampig hochgezogene

Beim Spaziergang durch die hügeligen Straßen von Signagi könnte man sich fast in italienischen Gefilden wähnen – umso mehr, seit die schmucken Häuser dieses in der südöstlichen Provinz Kachetien gelegenen Städtchens auf Hochglanz renoviert worden sind.

Wohnblocks aus Sowjetzeiten, ihre Fassaden bröckelnd und die Treppenhäuser schmuddelig – kaum anders als vor der 1991 errungenen, staatlichen Unabhängigkeit. Hinter den Türen älterer Häuser hingegen tun sich nicht selten unerwartet weitläufige Wohnungen mit hohen Räumen auf, die Geschmack und Kultiviertheit verströmen, auch wenn ihre Wände Risse haben und der Wasserhahn notorisch tropft. Hoch über den Dächern der Altstadt indes, auf halbem Weg zwischen Narikala-Festung und Mtazminda-Berg, unweit der metallisch-silbrigen Kolossalstatue „Mutter Georgiens", thront seit ein paar Jahren wie ein extraterrestrisches Raumschiff die monumentale Residenz von Bidzina Iwanischwili, seines Zeichens Ex-Präsident, Multi-Milliardär und reichster Mann des Landes.

Dieses Tbilisi verströmt ein merkwürdiges Amalgam von Atmosphären: halb mediterran, halb orientalisch, versetzt mit einer Portion realexistierender Desolatheit Moskauer Provenienz; hinzu kommen im denkbar krassen Kontrast zur verbreiteten Armut eine gesalzene Prise Neureichen-Protz und, typisch für Zeiten des Umbruchs wie diese, auch eine Art tropisches Gründerklima, erkennbar an den vielen neuen Lokalen und Läden und auf Hochglanz renovierten historischen Gebäuden. Alles in allem atmet es jedenfalls heute wie einst ein Flair von großem Charme. Kein Wunder, haben schon die berühmten Reisenden des 19. Jahrhunderts, allen voran die Russen, ein Lermontow, Puschkin oder auch Alexander Gribojedow, die Stadt an der Kura schwärmerisch beschrieben. Nicht ohne Ironie erinnerte sich Alexandre Dumas später: „Als ich in Tiflis ankam, glaubte ich in ein halbwildes Land zu kommen. Aber das war ein Irrtum. Die französische Kolonie setzte sich größtenteils aus Näherinnen, Putzmacherinnen und Modewarenhändlerinnen zusammen, so dass die georgischen Damen der Gesellschaft die Pariser Moden 14 Tage nach ihrem Erscheinen in Tiflis tragen konnten." Und derselbe Dumas schwärmte vom „interessanten Anblick", den die große Karawanserei im Basar bot: „Durch ihre Tore ziehen mit Kamelen, Pferden und Eseln Vertreter aller Völker des Orients und des nordöstlichen Europas. Man sieht Türken, Armenier, Perser, Araber, Hindus, Chinesen, Kalmücken, Turkomanen, Tataren, Tscherkessen, Georgier, Mingrelier und Sibirier. Jeder trägt die einheimische Tracht, seine Waffen und Kopfbedeckung."

Im Zentrum der Hauptstadt Tbilisi wurden kurz nach der Milleniumswende mehrere spektakuläre, postmodernistische Gebäude errichtet. Initiator war der damalige Staatspräsident, Michaeil Saakaschwili.

Die Ergebnisse – im Bild: die Doppelröhre eines Kulturzentrums und, dahinter, das pilzförmige Justizgebäude – wurden von der Öffentlichkeit mit gemischten Gefühlen beurteilt.

Die Liebe zur Kunst und zum Leben

Stalin, der Weltkrieg, siebzig Jahre Staatssozialismus haben die Buntheit des Völkergemischs ausbleichen lassen. Was von der Multikulturalität geblieben ist? Gelassenheit und Toleranz zum Beispiel; und auch schöpferisches Talent. Die Georgier galten zu Sowjetzeiten als wohlhabend, zumindest im Vergleich zum Rest der UdSSR, wurden beneidet um das milde Klima und die Fruchtbarkeit ihrer Heimat und, daraus resultierend, ihre Leichtlebigkeit. Auch konnten sie sich freier entwickeln als die Menschen anderer, nördlicherer Teilrepubliken. Sie sind liebenswerte Individualisten geblieben, temperamentvoll und lässig zugleich, den Genüssen des Lebens, gutem Essen und Wein vor allem, sehr zugetan. Sie schätzen und pflegen mit Hingabe die Künste. Georgien mit seinen gerade noch 3,7 Millionen Einwohnern besitzt fast 5000 Bibliotheken, rund 250 verschiedene Museen und 60 professionelle Bühnen. Flaniert man im Schatten seiner Platanen den berühmten Rustaweli-Boulevard in Tbilisi entlang, staunt man nicht nur über die geradezu pariserische Weite, sondern auch über die Dichte an Musentempeln und ihre Eleganz: Nationalmuseum, Staatsgalerie, Oper, Rustaweli-Theater, Philharmonie. Liebhaber ernster Musik wissen, welch fruchtbaren Humus die hiesigen Konservatorien und Hochschulen seit Generationen bilden. Die Violinistin Lisa Batiashvili, die Pianistin Khatia Buniatishvili, um nur zwei jüngere, auf den Podien der Welt präsente Solistinnen zu nennen, der Bass Paata Burtschuladse, eine Legende der Opernwelt, den Karajan als „zweiten Schaljapin" rühmte, oder der Jahrhundert-Choreograf und Gründer des New York City Ballet, George Balanchine alias Balantschiwadse stammen von hier. In der deutschsprachigen Literaturszene (in der georgische Autoren wegen der hohen Sprachbarriere naturgemäß seit jeher nur eine marginale Stimme haben), hat kürzlich erst die noch junge Nino Haratischwili mit der 1300-seitigen Familiensaga „Das achte Leben" für Furore gesorgt. Und Regisseur Robert Sturua war über Jahrzehnte in der internationalen Theaterszene eine fixe Größe. Kurz: Es wimmelt nur so von klugen, kreativen Köpfen. Und was wenige wissen: Auch Bewegungen wie Rudolf Steiners Anthroposophie, die Theosophie oder Lebensreform sind in Georgien stark verwurzelt. Sie erblühten ganz besonders zwischen 1918 und 1921, jener kurzen, relativ glücklichen Zeit der von den Menschewiki regierten Demokratischen

Republik Georgien (die freilich alsbald von der Roten Armee besetzt und der Sowjetunion angegliedert wurde). Zuvor schon hatte Bertha von Suttner, Frauen- und Friedensaktivistin und Nobelpreisträgerin aus Wien, etliche Jahre in Tbilisi zugebracht. Und Waldorfschulen etwa gibt es in Georgien auch heute wieder.
Ob es an der geistigen Regsamkeit liegt, dass das Zusammenleben hierzulande, grob gesprochen, ziemlich reibungsfrei klappt? Tatsache zum Beispiel ist, dass die Georgier etwa im guten und berechtigten Ruf stehen, keinen Antisemitismus zu kennen. Seit Jahrhunderten leben in Tbilisi viele Religionsgruppen weitgehend problemlos nebeneinander. In der Leselidse-Straße inmitten des von Vitalität schier berstenden Ausgeh- und Nightlifeviertels, steht ein Sammelschild, das Passanten den Weg sowohl zur nächsten Basilika und Kathedrale, als auch zu einer Armenischen Kirche, einer Moschee und einer Synagoge weist. Eindrücklicher kann man das Gelingen friedlicher Koexistenz auch mit vielen Worten kaum illustrieren.

Die Kirche als geistiges Fundament und Polit-Faktor

Apropos georgische Kirche: Über sie lässt sich durchaus behaupten, sie sei nicht gerade von übertriebener Toleranz beseelt. Kritiker bezeichnen sie als unduldsam und überheblich, stramm nationalistisch und jeglichen ökumenischen Ideen abhold. Jedenfalls steht sie im Verfassungsrang und muss keine Steuern zahlen. Ihr Patriarch, der seit 1977 Ilia II. heißt, steht am – stets sehr feierlich begangenen – Tag der Unabhängigkeit mit der Regierung auf dem Podium und segnet zu Beginn jeder Legislaturperiode das Parlament. Im Auge zu behalten ist freilich bei solch kritischer Beurteilung die zentrale Rolle, die die „Georgische Orthodoxe Apostelkirche" bei der Bildung der Nation und deren bis heute felsenfesten geistigen Fundaments gespielt hat. Was uns nochmals zurück in die frühe Landesgeschichte führt: Es heißt, schon im 2. Jahrhundert hätten im südlichen Kaukasus christliche Gruppen existiert. Zurückzuführen sei dies auf die Missionstätigkeit dreier Jünger Jesu: Andreas, Matthias und Simon Zelotes, in den Königreichen Kolchis und Iberia. Tatsächlich ist, was Georgier mit Stolz erfüllt, die ihre eine der ältesten Kirchen der Christenheit. Schon in der ersten Hälfte des 4. Jahrhunderts, nur wenig später als im benachbarten Armenien, unter dessen ekklesiastischem Einfluss sie in der Folge häufig stand, wurde sie Staatskirche; und zwar dank dem Sendungsbewusstsein einer Frau: der bis heute hoch verehrten heiligen Nino. Bald darauf sollen zwölf syrische Väter als Missionare in Erscheinung getreten sein; unter ihnen Bruder

Davit, der das Kloster Davit Garedscha gegründet hat und angeblich vor allem in Tbilisi ansässige Zoroastrier bekehrte. Ende des 5. Jahrhunderts gewährten der byzantinische Kaiser und der Patriarch von Antiochien, dem sie unterstanden, den georgischen Klerikern Autokephalie – das Recht, sich selbst zu regieren. Damals wurde der Bischof von Iberiens Hauptstadt Mtskheta in den Rang eines Katholikos erhoben. Anfang des 11. Jahrhunderts wurde dieser Titel anlässlich der Vereinigung von Ost- und Westgeorgien zu einem christlichen Großreich durch den eines Patriarchen ergänzt.

In jener Blütephase des Mittelalters erweiterte die Landeskirche, parallel zum politischen Machtzuwachs der Könige, ihren Wirkhorizont massiv und entwickelte einen reichen Kanon an Traditionen in bildender Kunst und Literatur. Der Betrachter steht und staunt vor den großen und äußerst fein dekorierten Kirchen, die damals entstanden – Bauten wie in Alaverdi, Mtskheta und Gelati, Nikortsminda, Martvili, Kintsvisi, Samtavisi, Tsromi und natürlich in Tbilisi. Selbst der Bagrati-Kathedrale in Kutaisi ist, obwohl über Jahrhunderte Ruine und erst kürzlich rekonstruiert, eine gewisse Erhabenheit nicht abzusprechen.

Nationalistisch? Unbeweglich? Rückwärtsgewandt? Immerhin haben ihre Kirche und damit ihr Glaube die Georgier durch alle Fährnisse der für sie überaus blutigen Geschichte getragen. Noch heute gehören drei Viertel der Gesamtbevölkerung der Landeskirche an. Wohl die große Mehrheit von ihnen darf als fromm bezeichnet werden. Nicht wenige bekreuzigen sich, sei es als Fußgänger, Autofahrer oder Buspassagier, wenn sie nur von außen und selbst aus der Distanz einer Kirche oder Kapelle ansichtig werden. Und zur Sonntagsmesse sind die Gotteshäuser voll, sieht man Jung und Alt mit Inbrunst knien, beten und mit – oft herrlich sonoren Stimmen – zur Liturgie singen.

Kulturelle Klammern: Sprache und Schrift

Was den Georgiern neben der Religion seit alters her auch half, sich als ein Volk zu empfinden und von den Nachbarn abzuheben, war trotz aller unterschiedlicher Dialekte ihre sprachliche Gemeinsamkeit. Das Georgische gehöre, so erläutert die Philologie, zusammen mit dem Swanischen, Lasischen und Mingrelischen zu der sogenannten kartvelischen Gruppe der Kaukasussprachen, die ihrerseits – wie die indogermanischen – einen eigenen Sprachstamm bilden. Es sei ursprünglich aus dem Dialekt von Kartli-Iberien entstanden, der dann, wie das Toskanische in Italien, zur Sprache der Gelehrten und Dichter avancierte. Georgisch, ein von türkischen und persischen Lehnwörtern durchsetztes

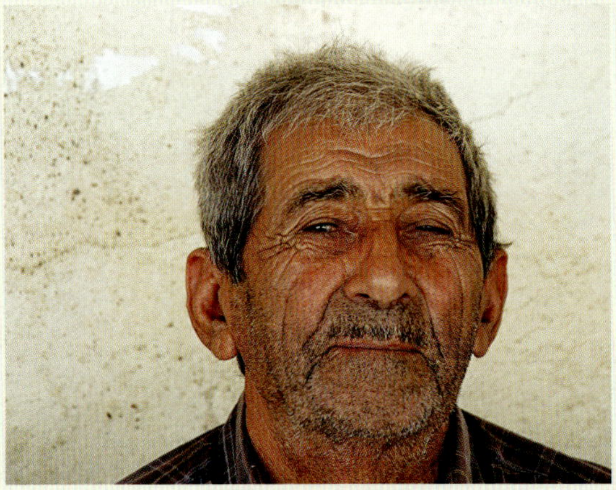

Georgien, das vor einem Vierteljahrhundert noch 4,7 Millionen, 2015 jedoch aufgrund steter Abwanderung nur noch 3,7 Millionen Einwohner zählte, ist ein multiethnisches Land. Mehr als 80 Prozent sind Georgier, jeweils rund sechs Prozent Armenier und Aserbeidschaner. Weitere wichtige Volksgruppen sind Abchasen und Osseten, von denen viele ihr Dasein, weil moskautreue Kräfte ihre Heimatregionen besetzt halten, als interne Flüchtlinge fristen müssen.

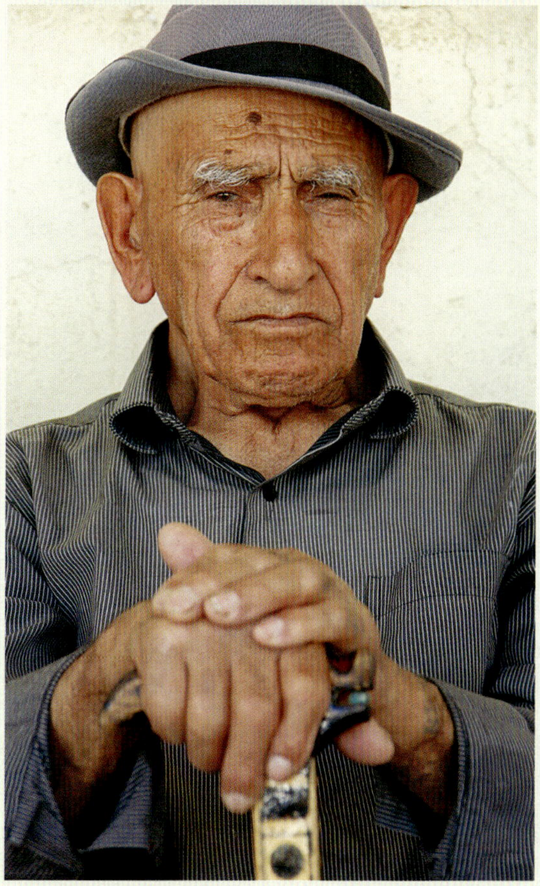

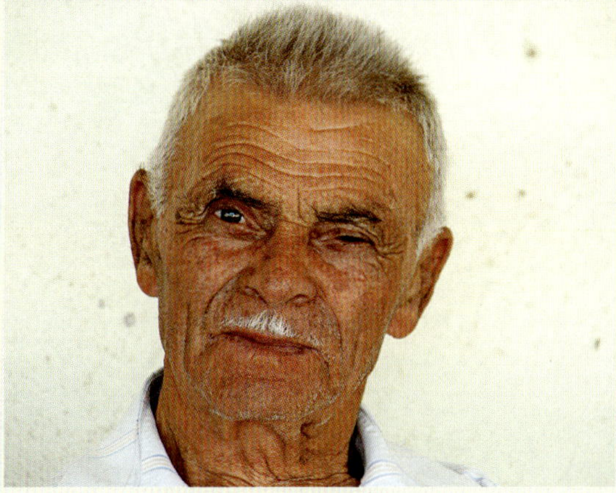

Idiom, gilt aufgrund seiner komplizierten Grammatik für nicht Muttersprachler als unerlernbar. Wer sich nur einige Tage oder Wochen im Land aufhält, wird kaum auch nur eine Redewendung begreifen. Wer es zumindest schafft, Einheimische mit „gamardschoba" zu begrüßen oder auf eine Einladung mit „didi madloba" zu danken, erntet mit Sicherheit ein erfreutes Lächeln.
Als weitere identitätsstiftende Klammer für ihr kollektives Selbstverständnis als Kulturnation dient den Georgiern ihre Schrift. Auch für sie gilt: Kaum jemand auf Kurzaufenthalt wird sich die weinrankenschönen Buchstaben einprägen, die ihm auf Straßenschildern, Ladenportalen und Zeitungsseiten begegnen. Eine Legende, die freilich jeder Grundlage entbehrt, schreibt die Erfindung der 38 Schriftzeichen dem armenischen Mönchsgelehrten Mesrop zu, dem Schöpfer des armenischen Alphabets. Ungleich plausibler ist die These, sie wären Anfang des 5. Jahrhunderts unter Einfluss der griechischen Schrift aus einer Variante des aramäischen Alphabets entstanden. Die Fachwelt meint, aus dieser frühen, Chutsuri genannten Priesterschrift habe sich später, ab Mitte des 11. Jahrhunderts jene Mchedruli- oder Ritterschrift entwickelt, die die Grundlage der heutigen Drucktypen darstellt.
In jener Zeit, die in Bezug auf das christlich-lateinische Europa gerne als Hochmittelalter bezeichnet wird, erlebte Georgien seine goldene Blüte – vor allem unter dem Bagratiden-Herrscher Davit dem Erbauer (1073–1125) und mehr noch unter dessen Urenkelin Königin Tamar (1160–1213), der bis heute glorifizierten, einzigen weiblichen Regentin in der gesamten Feudalepoche. Unter ihrer Herrschaft reichten die Landesgrenzen vom Schwarzen bis zum Kaspischen Meer, ging der wirtschaftliche Aufschwung einher mit einer nie wieder erreichten Blüte in bildender Kunst und Literatur. Symbolfigur jener georgischen Renaissance, die in gewisser Weise das italienische „Rinascimento" vorwegnahm, ist Schota Rustaweli – Humanist von höchsten Graden, Schöpfer des Epos „Der Recke im Tigerfell" und dank diesem der Nationaldichter der Georgier schlechthin.

Ambivalenzen und Zuversicht

Schätzungsweise fünf Millionen Einwohner zählte das Reich damals, am Höhepunkt seiner Macht. Dann kamen die Mongolen. In den dauernden Kriegen der folgenden Jahrhunderte, von Osmanen und Persern bedrängt und zudem durch innere Konflikte geplagt, wurde die Bevölkerung in grauenhaftem Ausmaß dezimiert – bis auf 675 000 um 1800. In dieser verzweifelten Situation suchte das Land Hilfe bei den Russen. Die hatten immerhin den Vorzug, ebenfalls christlich zu sein. Seit der im frühen 19. Jahrhundert erfolgten Eingliederung in das Zarenreich ist das Verhältnis zum großen Nachbarn im Norden, gelinde gesagt, ambivalent. Gewiss, auf dem Umweg über St. Petersburg und Moskau kamen viele Ideen und materielle Errungenschaften aus dem Westen, kam die Moderne nicht zuletzt im Gewand der Oktoberrevolution und der darauf folgenden Industrialisierung ins Land. Andererseits regierten die Romanows kraft ihres Militärs wie später auch das Sowjetregime häufig mittels brutaler Repression. Diesbezüglich ein besonders schmerzhafter Stachel im Fleisch des nationalen Selbstwertgefühls ist aktuell die Tatsache, dass sich zwei Regionen, Abchasien und Südossetien, nach jeweils blutigen Sezessionskriegen (Anfang der 1990er-Jahre und in zweitem Fall nochmals 2008) de facto abgespalten haben. Die beiden abtrünnigen Gebiete werden von Russland mit Geld und tausenden Soldaten kontrolliert und als eigenständige Territorien anerkannt. Eine Lösung der seither eingefrorenen Konflikte ist nicht in Sicht.

Schwierig ist freilich ebenso die soziale Lage im Inneren. Georgiens Einwohnerzahl ist, seit der Unabhängigkeit (1991) um mehr als ein Fünftel geschrumpft. Über eine Million Menschen, darunter zahlreiche junge, gut ausgebildete, jedoch auch viele Angehörige von Minderheiten, haben ihrer Heimat temporär oder auf Dauer den Rücken gekehrt, um im Ausland ihr Glück zu suchen. Der Hauptgrund: die andauernde Wirtschaftsmisere. Zwar hat die im Herbst 2003 vom damaligen Oppositionspolitiker und späteren Präsidenten Michail Saakaschwili angeführte Rosenrevolution das Land dynamisiert, hat die Alltagskorruption, Kriminalität und Bürokratisierung spürbar eingedämmt und die Wirtschaft liberalisiert. Georgien ist, bei allen Rückschlägen und Einschränkungen, eine Demokratie mit friedlichen Machtwechseln nach Wahlen und einer prinzipiell pluralistischen Medien- und Parteienlandschaft. Doch die Wirtschaft lahmt, Armut grassiert. Viele Männer sind arbeitslos, nicht wenige als Kriegsveteranen traumatisiert – man sieht sie allerorten tagsüber in Gruppen herumsitzen. Und die zehntausenden Binnenflüchtlinge aus den abtrünnigen Regionen verstärken die Misere. Andererseits hat Georgiens Regierung im Sommer 2014 ein umfassendes Assoziierungsabkommen mit der EU geschlossen. Was langfristig eine Modernisierung und engere Anbindung an den Westen verspricht.

Die an der Ostküste des Schwarzen Meeres gelegene Hafenstadt Batumi ist seit dem späten 19. Jahrhundert ein wichtiger Umschlagplatz für Erdöl aus Baku am Kaspischen Meer. Seit Georgiens Unabhängigkeit hat sie sich eine beeindruckende Skyline zugelegt. Dank des subtropischen Klimas, das hier im Südwesten der Region Adscharien herrscht, ist sie auch eine beliebte Badedestination.

Georgier waren lange Zeit von Kindheit an gewohnt, drei Alphabete – das georgische, kyrillische und lateinische – zu verwenden und sind vielleicht allein deshalb schon geistig so alert und geschichtsbewusst. Sie reden gerne und kenntnisreich von ihrer kollektiven Vergangenheit. Jeder einzelne versteht sich als Glied einer weit zurückreichenden historischen Kette, die ihn persönlich zur Hochachtung für die Vorfahren und die Verteidigung und Weitergabe deren Erbes verpflichtet. Das gemeinsame Narrativ greift Jahrtausende weit, bis in die Zeit des griechisch geprägten Reiches von Kolchis und die frühe Christianisierung zurück. Damit wird eine ursächliche Zugehörigkeit des Landes zur abendländischen Zivilisation bekundet, aus der man Kraft und Zuversicht schöpft. Nicht ohne Grund votiert heute eine überwältigende Mehrheit der Bevölkerung – 85 Prozent laut einer Meinungsumfrage von 2015 – für die Ausrichtung nach Europa. Und dies trotz der Erkenntnis, dass der ersehnte Beitritt zu EU und NATO wohl noch des längeren wird auf sich warten lassen. Als „Balkon Europas" pflegen Georgier ihr Land gerne zu bezeichnen. Wer es bereist, versteht schnell, warum, und wird diesem wundersamen, wackeren Volk fortan voll Sympathie die Daumen drücken, auf dass ihre diesbezüglichen Hoffnungen bald weitere Früchte tragen.

Seite 22/23: *Charakteristische Kontraste: Auf dem weiten Platz vor dem Theater von Batumi prangt auf einer neobarocken Brunnenanlage ein goldener Neptun. Im Hintergrund aber erinnern mittels Farbe notdürftig behübschte Wohnsilos an die gar nicht fernen Zeiten sowjetischer Plattenbaukultur.*

Seite 24/25: *Das Dorf Dartlo besitzt unter allen Ortschaften der Bergregion Tuschetien eines der schönsten, weil besonders homogenen Gebäudeensembles. Hier, hart an der Grenze zu den russischen Teilrepubliken Tschetschenien und Dagestan, schufen sich die Familien schon früh hohe Wehrtürme, in denen sie in Zeiten der Bedrohung Schutz fanden.*

HOTEL DARTLO

Tbilisi, Unter-Kartlien und die Heerstraße

Seit ihrer Eröffnung im Jahr 2010 bildet die nach Plänen eines Italieners namens Michele Di Lucchi errichtete Friedensbrücke ein neues Wahrzeichen und, gemeinsam mit dem Mtkwari-Fluss und der Narikala-Festung im Hintergrund, ein beliebtes Fotomotiv in Tbilisi.

Wer Georgiens Kapitale kennt, wird gewiss der Behauptung zustimmen: Tbilisi verströmt einen ganz eigentümlichen, unwiderstehlichen Reiz. Als uralter Handelsknotenpunkt zwischen Nahem und Fernem Osten, mediterranem und russischem Raum ist sie eine Kreuzung aus Europa, Orient und Sowjet-Erbe. Die alles überragende Narikala-Festung bauten vor 1500 Jahren altpersische Besatzer, die berühmten Bäder im Bezirk Abanotubani die Türken. Die Bezeichnung Maidan für den einstigen Brennpunkt des Basars (von dem aus man heute die hippe Szene-Zone der Sharden Street betritt) erinnert an die lange Herrschaft der Araber. Und unterwegs in der winkeligen Altstadt zwischen schönen Holzbalkonen kann man sich auf dem Balkan wähnen. Doch bei aller historischer Multikulturalität: Mächtige Kirchen wie die von Metechi, Sioni oder Zminda-Sameba signalisieren unmissverständlich, welchen Glauben Georgien seit alters im Herzen trägt.

Ganz anders die Neustadt: Dort bezeugt der opulente Jugendstil etwa im Bezirk Sololaki oder, jenseits des Flusses Mtkwari, am Agmaschenebeli-Boulevard, wie europäisch die hiesige Elite um 1900 tickte. Nicht zu reden vom Rustaweli-Boulevard, an dem sich Theater, Oper, Philharmonie und von Kunstschätzen pralle Museen reihen. Der Berg Mtazminda, die Statue der „Mutter Georgiens", das Ethnografische Freilichtmuseum ... Nach gebührlicher Würdigung der Attraktionen an der Peripherie geht es ins weitere Umland: nach Mtskheta zum Beispiel, dem Zentrum des antiken Ostgeorgiens und der Orthodoxie, oder nach Dmanisi, Fundort frühhominidischer Skelette in Unter-Kartlien; ein Muss ist die Fahrt auf der legendären Heerstraße nordwärts, mit Stopps an der Klosterfestung Ananuri und im Wintersportort Gudauri, über den Kreuzpass zu ihrer Majestät, dem vergletscherten Fünftausender Kasbek, in die Täler von Truso und Sno und die Bergregion Chewsuretien.

Oben: *Die Narikala-Festung thront über Tbilisis Altstadt. Sie geht auf einen Festungsring zurück, den Ende des 4. Jahrhunderts die altpersischen Sassaniden hoch über dem Mtkwari-Fluss errichteten und in der Folge diverse Invasoren, darunter Araber, Mongolen und Türken, jeweils zerstörten und wieder aufbauten.*

Rechts und ganz rechts: *Die Thermalquellen in Tbilisis Bäderviertel Abanotubani sind seit alters her für ihre Heilkraft berühmt. Bis heute kann man sich hier in unterirdischen, von Ziegelkuppeln überwölbten Bädern im Schwefelwasser suhlen. Die ältesten Anlagen stammen aus dem frühen 17. Jahrhundert.*

Links:
Das Stadtzentrum von Tbilisi ist gespickt mit charmanten Kleinkunstwerken. Diese Bronzegruppe trunken-tanzender Bauern, ein beseeltes Symbol für die georgische Lust am Feiern, steht nahe dem Fluss an der Barataschwili-Straße.

Oben:
„Willkommen und Prost!“ Die legendäre Gastfreundschaft der Georgier begegnet Fremden beim Stadtbummel auf Schritt und Tritt. Dieser Gemäldehändler wartet auf dem Antiquitätenmarkt am Westende des Rustaweli-Boulevards, unter den Arkaden der ehemaligen Akademie der Wissenschaften, auf Kunden.

Rechts:
Noch viel spektakulärer als das Motiv auf dem Bild ist freilich die Vorlage in natura: die Metechi-Kirche auf hohem Fels über dem Mtkwari-Fluss in Tbilisi.

Links:
Der „Friedensplatz“ in Tbilisi war zu Sowjetzeiten zunächst nach Lawrenti Berija, Stalins berüchtigtem, in Georgien geborenen Geheimdienstchef, und später nach Lenin benannt. In seiner Mitte steht das Denkmal des Heiligen Georg und, links dahinter, das um 1880 als Residenz des zaristischen Vizekönigs errichtete Rathaus.

Ganz links:
Auf dem ehemaligen Plateau der alten Königsburg, hoch über dem Mtkwari-Fluss und unmittelbar neben der Metechi-Kirche, wacht, in Bronze gegossen und hoch zu Ross, Wachtang Gorgassali, der um 500 Tbilisi gegründet haben soll, über die Stadt.

Ganz links unten:
Renovierte Fassaden warten im unmittelbar angrenzenden Viertel Awlabari.

Links:
Nahe dem Freiheitsplatz, im oberen Abschnitt der Leselidse-Straße, förderten Archäologen Gebäudereste aus der Frühzeit der Stadt zutage. Das Grabungsgelände ist über einen eleganten Steig begehbar.

Tbilisi hieß früher auf Deutsch Tiflis. Was die 1,2 Millionen-Stadt am Mtkwari unter anderem so lebenswert macht, ist ihre quicklebendige künstlerische Szene. Neben den großen, repräsentativen Musentempeln existieren auch viele kleine Bühnen. Diese quasi zusammengestückelte Variation eines Schiefen Turmes ist das Wahrzeichen des Marionettentheaters. Nebenan lädt das Café Sanssouci zur angenehmen Rast.

Ganz links und links:
Die Georgier verstehen es, dem Leben heitere Facetten abzugewinnen: Die begehbare Riesenskulptur, hier mit dem Fernsehturm im Hintergrund, soll Groß und Klein im Vergnügungspark auf dem Mtazminda-Berg amüsieren. Und hinter dem über eine Wendeltreppe erreichbaren Holzbalkon im Abanotubani-Viertel hat sich offensichtlich ein Künstler sein Atelier eingerichtet.

Ganz links:
Schach zu spielen ist wie das Musizieren eine bei Georgiern äußerst beliebte Beschäftigung. Auf den Gehsteigen und Plätzen sieht man häufig Männer grübelnd über ein Brett gebeugt.

Links:
Die Geschichte des Landes kennt Kriege und Zerstörungen leider zur Genüge. Doch im Alltag teilten die Georgier ihre Heimat häufig über lange Phasen problemlos miteinander. Heute klappt, was dieser multiple Wegweiser eindrücklich unterstreicht, das tolerante Zusammenleben zwischen den diversen religiösen und ethnischen Bevölkerungsgruppen ausgezeichnet.

Oben:
Der neue Präsidentenpalast ist, wie die beiden als Kulturzentrum konzipierten Riesenröhren davor, ein Relikt aus der Ära von Michail Saakaschwili (2004–2013).

Bilder rechts:
Gegensätzliche Architektur der Moderne: Die Zwminda-Sameba-Kathedrale, der größte Sakralbau Transkaukasiens (und Sitz des Patriarchen), entstand nach 1995 (rechts). Der in den 1970er-Jahren im Westen der Stadt errichtete Verwaltungsbau wurde als Musterbeispiel brutalistischen Stils preisgekrönt (ganz rechts Mitte), das 2012 eröffnete Justizgebäude hingegen als „Ansammlung von Pilzen" bespöttelt (ganz rechts unten).

Witz und Kreativität im öffentlichen Raum: Diese bläuliche Figurengruppe wacht am rechten Ufer des Mtkwari auf Höhe der Mardhanaschwili-Straße über einen Kreisverkehr. Das überdimensionale Tandem, dessen Lenkstangen und Sitze – typisch georgisch? – in entgegengesetzte Richtungen weisen, steht ein Stück hügelan, neben dem Hotel Radisson Blu.

Rechts:
Ein Spalier schmucker Fassaden säumt die Agmashenebeli Avenue, an der im 19. Jahrhundert vorrangig deutsche Zuwanderer wohnten.

Rechts Mitte und rechts unten:
Die Sharden Street, hier einmal bei Tag, einmal nachts, bildet das Epizentrum der Alt-Tbiliser Nightlife-Szene.

Ganz rechts Mitte und ganz rechts unten:
Zwei charmante Beispiele aus der enormen Fülle besuchenswerter Lokale im Zentrum der Stadt: das plüschig-blumige Café Linville Ecke Abesadse-/ Leselidse-Straße und das für seine guten Weine wie auch Live-Saxophon-Musik bekannte „Vinomania“.

Ganz links:
Ein Denkmal des legendären Dichters Schota Rustaweli: Sein höfisches Epos „Der Recke im Tigerfell", das er um das Jahr 1200 im Auftrag von Königin Tamar schrieb, schildert das Los zweier Liebespaare und, wie sich Chevalerie und Edelmut über Religion und Nation erheben. Kenner vergleichen das Werk mit den großen Ritterromanen etwa eines Gottfried von Straßburg oder Wolfram von Eschenbach.

Links:
Tbilisi verfügt über eine große Vielfalt an Konzert- und Bühnenhäusern. Das Zentrum für Musik und Kultur an der Agmashenebeli Avenue ist nach dem berühmten Dirigenten, Komponisten und Sänger Djansug Kakhidze benannt.

Kleine Bilder links:
Tbilisis Prachtstraße, der Rustaweli-Boulevard, ist über seine ganze Länge gesäumt von Musentempeln. Als da sind, von rechts oben im Uhrzeigersinn: die Staatliche Gemäldegalerie, das Paliaschwili-Opernhaus, das Schota-Rustaweli-Theater und, an der westlichen Verlängerung namens Kostawa, die Philharmonie.

Von Trinksprüchen und Schlemmerfreuden – die Poesie der Gastfreundschaft

Eine georgische Weisheit lautet: „Was du verschenkst, ist dein, was du behältst, auf ewig verloren." Die Einheimischen nehmen sie sich zu Herzen. Sie überschütten den Gast geradezu mit Darreichungen und Aufmerksamkeit. Taucht einer auf, eilt die Kunde von Nachbar zu Nachbar, von Freund zu Freund. Tische werden zusammengerückt, Gläser geholt, Weinflaschen entkorkt. Und in den Küchen zaubern die Frauen Köstlichkeiten zuhauf auf die Teller.

Der Reisende muss erst gefunden werden, der unterwegs, so er sich nicht in der Touristengruppe von jeglicher Alltagswirklichkeit hermetisch abschirmt, diese Gastfreundschaft nicht am eigenen Leib erfahren hätte. Eine georgische Supra – das Wort bedeutet buchstäblich übersetzt „Tischtuch" – ist nicht ein x-beliebiges Festessen, sondern ein kulinarisches und mehr noch soziales Ereignis, das jeden Nicht-Georgier wahrhaft überwältigt.

Spektakulär ist allein schon, was aufgetischt wird: Zum Start wartet ein Potpourri an kalten Vorspeisen – oft pikanten Gemüsepürees aus Spinat etwa, Roten Rüben oder Auberginen, versetzt mit diversen Kräutern, Knoblauch, Nüssen ... Als All-time-Favoriten gelten die mit Fleisch gefüllten Teigtaschen (Chinkali) und mit Käse belegten Teigfladen (Chatschapuri). Es folgen mindestens zwei, oft mehrere warme Hauptgerichte – Shish Kebab oder Variationen vom Rind, Lamm, Huhn oder Truthahn in Kombination mit raffiniert gewürzten Eintöpfen oder Saucen. All dies ist von einer so unwiderstehlichen Schmack- und Herzhaftigkeit, dass der Gaumen schon beim Hinsehen jauchzt (und manch sensible Galle wohl leise erschaudert).

Tief ins Langzeitgedächtnis gräbt sich ein georgisches Essen freilich nicht nur wegen der Qualität der Speisen, sondern mindestens ebenso sehr wegen seines Ablaufs. Eine Mahlzeit, und sei es bloß ein einfaches Picknick, unterliegt hierzulande einem strengen Reglement. Im Zentrum steht dabei eine schier endlose Serie an Trinksprüchen. Als ehernes Gesetz gilt: Nur Feinden wird mit Bier zugeprostet. Freunde stoßen ausschließlich mit Wein oder harten Drinks an. Und zwar, wenn es traditionell hergeht, mit Kuhhörnern als „Gläsern". Getrunken wird nach wie vor für gewöhnlich nur nach Ausbringung eines Toasts, was jede Supra zu einer so langatmigen wie poetischen Angelegenheit macht.

Tamada – der Tischmeister

Zu Beginn wird ein sogenannter Tamada designiert, ein Tischmeister. Er ist bei kleinen Familienfesten meist mit dem Hausherren identisch. Bei größeren Anlässen wird er zu Beginn aus der Runde erwählt. Er sollte eloquent, schlagfertig und mit gehörigem Humor ausgestattet sein. Denn nicht selten arten Festessen zu witzigen Redewettstreiten aus. Zur Unterhaltung vielköpfiger Gesellschaften werden zusätzlich ein Mundschenk (Merikipe) und ein Alaverdi ernannt, der die Trinksprüche näher erläutert. Die Rolle des Tamada ähnelt der des Symposiarchen bei Trinkgelagen der alten Griechen. Er muss entscheiden, wer welchen Trinkspruch wann ausbringt, wann die Gesangsgruppe ihre Festlieder (Mrawalzhamieri) anstimmt, kurz: den rechten Rhythmus des Ablaufs gewährleisten. Die Trinksprüche folgen dabei einem thematischen Kanon: Der erste pflegt der Gastgeberfamilie zu gelten. Es folgen Eltern, Freunde, Verwandte, der Frieden im Allgemeinen und das Wohlergehen Georgiens im Speziellen. Auch die Vergangenheit und Zukunft des Landes kommen zur Sprache. Der Ahnen und Helden, und vorbeugend auch künftiger Generationen wird gedacht. Nicht selten wechselt das Thema irgendwann von konkreten Menschen auf abstrakte Werte – Liebe, Freundschaft, Humanität, die Verbundenheit der Völker, Tapferkeit, Edelmut ... Wird ein Toast gesprochen, haben alle Männer aufzustehen und schweigend mitzutrinken.

Am Ende wird das Gesagte mit einem inbrünstig geschmetterten „Gaumardschos!", „Zum Wohl!", besiegelt. Mit Fortschreiten des Mahles wird die Wortwahl immer gedrechselter, die Stimmung rührseliger und pathetisch. Und bisweilen werden zu später Stunde am immer noch prall gedeckten Tisch die Hörner, die im Extremfall mehrere Liter fassen, nochmals bis obenhin gefüllt. Und ohne abzusetzen geleert. Das finale „Gaumardschos!" gerät dann dem leicht wankenden Kollektiv bisweilen etwas – tja, nennen wir es asynchron.

Links: *Awtandil Kotrikadze betreibt in Chokhatauri, Provinz Gurien, eine schmucke Pension. Als waschechter Georgier liebt er es, im Kreis von Gästen mit gefülltem Trinkhorn in der Hand die Rolle des Tamada, des Tischmeisters, zu spielen.*

Oben: *Das „Festmahl der drei Edelmänner" ist eines der berühmtesten Werke von Niko Pirosmani. Es hängt, wie viele andere Gemälde dieses Meisters der naiven Malerei, der als Sohn armer Bauern und Autodidakt erst posthum zu Ruhm gelangte, in der Staatlichen Gemäldegalerie.*

Kleine Bilder rechts, von oben nach unten: *Einer der renommiertesten Weinhersteller Kachetiens ist das Unternehmen Khareba. Von der Terrasse seines Restaurants genießt man zum Mtsvadi, dem georgischen Schaschlik, eine herrliche Aussicht auf die hauseigenen Weingärten im Alsani-Tal.*

Wie bunte Würste baumeln sie an langen Stangen überall in Läden und mobilen Marktständen: Churchkhela, jene leckere Süßspeise aus Wal- oder Haselnüssen, die man, an einer Schnur aufgefädelt, in eine Kuvertüre aus mit Mehl verdicktem Traubensaft tunkt und an der Sonne trocknet.

Georgisches Brot heißt Puri und wird traditionell in runden Lehmöfen (Tone) gebacken. Besonders populär ist das bootsförmige Shotis Puri aus Weizenmehl. Überall in der Altstadt von Tbilisi verströmen kleine Bäckereien wie diese ab dem frühen Morgen den Duft knusprigfrischen Brotes.

Diese Puppe soll, vor sich Wein und die Nationalspeise Chinkali, gefüllte Teigtaschen, Passanten in ein Restaurant locken.

Oben:
Gruppenbild mit Dame: Auf dem Gelände des Ethnografischen Freilichtmuseum haben sich junge Georgier mit viel Sinn für nationale Traditionen versammelt, um in mittelalterlichen Gewändern und bewehrt mit archaischen Waffen Schaukämpfe von anno dazumal möglichst effektvoll nachzuspielen.

Rechts:
Auch diese Herren lassen die Mode vergangener Generationen wieder aufleben. Ihre historischen Trachten tragen sie mit sichtlicher Freude und Stolz.

Ganz links:
Gesang und Instrumentalmusik sind an Georgiens Schulen unverzichtbarer Bestandteil des Unterrichtsplanes. Diese Knaben schmettern ihre Choräle beim gemeinsamen Abschlusskonzert aller Jahrgänge in der Schule von Oni.

Links und ganz links unten:
Ob als Zuschauerinnen oder aktiv als Teilnehmerinnen: Wenn es gilt, sich bei Aufführungen von Volkstänzen der nationalen Identität zu vergewissern, spielen Frauen eine den Männern mindestens ebenbürtige Rolle.

Rechts:
Dieses sehr spezielle Bauerngehöft steht im Ethnografischen Freilichtmuseum am Westrand von Tbilisi.

Rechts unten:
Aufgrund der Nähe zu Aserbeidschan bilden in Teilen Unter-Kartliens schiitische Aseris die Bevölkerungsmehrheit. Diese Moschee steht in dem für seine frühchristliche Zionskirche berühmten Städtchen Bolnisi.

Ganz rechts:
Die Ortschaft Assureti, 30 Kilometer südlich von Tbilisi, wurde 1818 von Zuwanderern aus Württemberg unter dem Namen Elisabethtal gegründet und war wenig später ein landwirtschaftliches Vorzeigedorf. 1941 ließ Stalin die meisten Deutschstämmigen nach Zentralasien und Sibirien deportieren.

Ganz rechts unten:
In Tandzia, westlich von Bolnisi, erinnert ein Museum an Sulchan-Saba Orbeliani. Der 1658 hier geborene Fürstensohn, lebte lange Zeit als Mönch, konvertierte dann zum Katholizismus und machte durch eine Reise nach Rom und Versailles von sich Reden. Dabei erbat er im Auftrag des georgischen Königs von Ludwig XIV. und dem Papst – vergeblich – Beistand gegen die Perser und Osmanen.

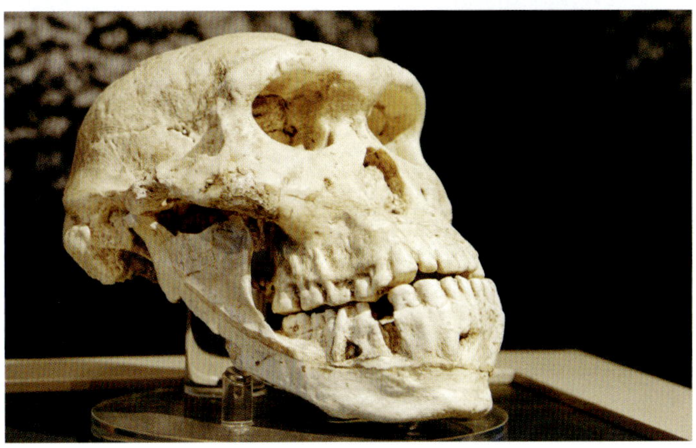

Links:
Allrad-Veteranen sowjetischer Provenienz wie der in den 1950er- und 1960er-Jahren produzierte Geländewagen GAZ 69 machen sich, das bezeugt dieses Foto von der Heuernte im Umland von Bolnisi, dank ihrer Unverwüstlichkeit bis heute nützlich.

Links:
In Dmanisi bezeugen Ausgrabungen die Existenz einer großen, stark befestigten Stadt im Mittelalter. Sehenswert ist außerdem die im Kern über 1400 Jahre alte, im 12. Jahrhundert maßgeblich erweiterte Kirche des Sioni-Sameba-Klosters.

Ganz links Mitte und ganz links unten:
Mehr noch als die baulichen Relikte hat der Gegend eine prähistorische Fundstätte Ruhm beschert: Seit 1991 förderten Archäologen hier Schädel und Skelette von mehreren rund 1,8 Millionen Jahre alten Hominiden zu Tage. Vor Ort vermitteln Nachbildungen plastisch, wie diese unsere ältesten jemals in Eurasien entdeckten Vorfahren ausgesehen haben.

Links:
Auf einem Bergsporn hoch über Mtskheta steht die Dschwari-Kirche. Ehe im ausgehenden 6. Jahrhundert dieser heute zum UNESCO-Weltkulturerbe zählende Steinbau errichtet wurde, hatte die heilige Nino an dieser Stelle ein hölzernes Kreuz aufstellen lassen – als Zeichen, das weit ins Land hinaus den Sieg des Christentums verkünden sollte.

Links Mitte:
Mtskheta ist bis heute ein geistlich-religiöses Zentrum des Landes und seine über 1000 Jahre alte Sweti-Zchoweli-Kathedrale ein nationales Heiligtum.

Deren Vorgängerbau besaß einen Pfeiler aus Zedernholz, der sich als wunderkräftig erwies und als „Lebende Säule" zur Legende wurde.

Links unten:
An der wenige Kilometer westlich von Mtskheta gelegenen Klosteranlage von Schiomgwime beeindruckt auch ihre außergewöhnliche Lage vor einem Halbrund aus Steilfelsen.

Unten:
Gebetszeit in der Kathedrale von Mtskheta. In den christlichen Kirchen des Ostens stehen, anders als in jenen des Westens, nicht Denken und Handeln, sondern das Schauen und Feiern im Mittelpunkt. Bilder und Liturgie sind wichtiger, als die theologische Lehre oder soziale Diakonie.

Rechts:
Vom Glockenturm der Klosterfestung Ananuri schweift der Blick über den Stausee von Shinwali, der unter anderem als Trinkwasserspeicher für das knapp 40 Kilometer südlich gelegene Tbilisi fungiert.

Rechts:
Unweit von Gudauri findet sich direkt an der Heerstraße ein ungewöhnliches Naturphänomen: eine mächtige Sinterterrasse, gebildet aus den Mineralstoffen einer inmitten einer Bergwiese entspringenden Quelle.

Ganz rechts:
Wie diese beiden Männer am Vorplatz der Dschwari-Kirche bei Mtskheta bieten an vielen Pilgerstätten fliegende Händler Souvenirs und Devotionalien feil.

In den 1860er-Jahren ließ das zaristische Russland, um den soeben eroberten Südkaukasus an die Kandare zu nehmen, einer uralten Karawanenroute folgend die sogenannte Georgische Heerstraße bauen. Sie führt von Tbilisi nordwärts quer durchs Gebirge bis in die nordossetische Stadt Wladikawkas und erreicht ihren höchsten Punkt (2395 Meter) am Scheitel des Kreuzpasses. Dort eröffnet eine mit Szenen zur nationalen Geschichte geschmückte Aussichtsplattform einen herrlichen Panoramablick über die atemberaubende Gebirgslandschaft.

Linke Seite:
Unmittelbar oberhalb von Stepanzminda, dem letzten Ort an der Heerstraße vor der Grenze, zieht der eisumgürtete Gipfel des Kasbek alle Blicke auf sich. Gemäß griechischer Mythologie wurde an den Fels dieses 5047 Meter hohen, erloschenen Vulkans einst Prometheus gekettet, weil er das den Menschen von Zeus vorenthaltene göttliche Feuer, sprich: die Erkenntnis, eigenmächtig auf die Erde gebracht hatte.

Ein äußerst lohnender Abstecher führt ein Stück nördlich des Kreuzpasses auf schmalem Sträßchen Richtung Westen in die Schlucht und das Hochtal von Truso.

Ein herausragendes Beispiel für zeitgemäße Hotelarchitektur markiert das von einem jungen Designer-Duo aus Tbilisi gestaltete Hotel Rooms in Stepanzminda. Das Innenambiente mit viel naturhellem Holz und Glas, allen voran die behagliche Lobby und das ausgezeichnete Restaurant, machen den Aufenthalt zu einem Erlebnis für alle Sinne. Das größte Atout der markant auf einem Hang über dem Bergsteigerort thronenden Luxusherberge ist freilich der Blick, den man von ihren 156 Zimmern und der ausladenden Terrasse auf den Kasbek genießt.

Unten:
Mindestens drei Stunden ist man mit einem – tunlichst robusten – Wagen vom Stausee von Shinwali bis zu der Siedlung Schatili unterwegs. Deren Anblick ist einmalig: ein Cluster aus fast 70 Wehrtürmen, ohne jegliche Bindemittel wie Bolzen oder Mörtel aus Schiefer geschichtet und im Kern mehr als 1500 Jahre alt.

Rechts oben:
„Kaukasische Dolomiten" nennen Bergsteiger das Tschauchi-Massiv, das am Ende des Sno-Tales den Blick auf sich zieht. Die Nordwände des über 3800 Meter hohen Felsriegels stellen für Kletterer eine so große wie reizvolle Herausforderung dar.

Rechts Mitte:
Das Sträßchen von Barisacho über den fast 2700 Meter hohen Bärenkreuzpass nach Chewsuretien ist gesäumt von herr-

lichen Bergwiesen. Der Duft, der im Frühsommer über diesen schwebt, bleibt einem lange in der Nase und noch viel länger in Erinnerung.

Rechts unten:
In dem kleinen, auf halbem Weg von der Heerstraße nach Chewsuretien gelegenen Dorf Tschargali begegnet man einer riesigen Büste von Wascha Pschawela. Sie steht vor jenem Museum, mit dem diesem Dichter und Naturphilosophen hier in seinem Geburtsort die Ehre erwiesen wird.

Der Osten – Kachetien und Tuschetien

Im Nordteil der fruchtbaren Alasani-Ebene erhebt sich die Kathedrale von Alaverdi. Sie entstand, ziemlich zeitgleich mit den zentralen Gotteshäusern in Kutaisi und Mtskheta, im 11. Jahrhundert und war bis zur Fertigstellung der Zwminda-Sameba-Kathedrale in Tbilisi (2004) der höchste Sakralbau Georgiens.

Sehr anders als das übrige Georgien, nämlich klimatisch kontinentaler und über weite Strecken flach, präsentiert sich der Osten. Die Region Kachetien war bereits früh und lange Zeit ein unabhängiges Königreich. Von ihren tiefen historischen Wurzeln, aber auch der Prägung durch verheerende Invasionen zeugen imposante Wehrkirchen etwa in Gremi und Alaverdi. Das wegen seiner freskierten Höhlenkapellen und der grandiosen Lage an der Grenze zu Aserbeidschan sehr sehenswerte Kloster Davit Garedscha ist ebenfalls durch mächtige Mauern geschützt; ebenso Schloss Batonisziche, der alte Herrschersitz in Telavi. Das Schlösschen von Tsinandali hingegen – das man tunlichst in Kombination mit der Klosterakademie von Ikalto besucht – spiegelt feinsinnig-aristokratische Lebensart wider. Und das auf grünem Hügelrücken schmuck herausgeputzte Städtchen Signagi verströmt geradezu toskanische Leichtigkeit. Was uns auf Umwegen zum touristischen Generalthema des Landstrichs führt: Kachetien ist nämlich seit alters her ein Paradies für Weinliebhaber. Insbesondere in der breiten Ebene des Alsani-Flusses gedeihen erlesene Tropfen, die man dort in berühmten, teilweise sehr schicken Weingütern verkosten kann.
Eine denkbar konträre, betörend unversehrte Welt stellt die nördlich angrenzende Bergregion Tuschetien dar. Was Abenteurernaturen nach vielstündiger Anfahrt über ein schwindelerregend schmales Sträßchen erwartet: Dörfer, die mit ihren steinernen Wohntürmen so pittoresk wie wehrhaft an steilen Hängen kleben; Bewohner, teils noch heidnischen Bräuchen huldigend und im Alltag hoch zu Ross unterwegs; und rundum, so weit das Auge reicht: dichte Wälder, Hochweiden, von Schafherden bevölkert, ein Kranz schroffer Gipfel, und Bergwiesen, im Frühsommer so unbändig duftend und bunt, dass man sie ein Leben lang nicht vergisst.

Schon auf dem Weg von Pshaveli, dem letzten Ort in der Ebene, über Lechuri bergwärts durch das sich stetig verengende Tal zeigt sich die Unberührtheit der Natur in dieser Region. Sie ist ein Paradies für Imker, und wilder Honig entsprechend weit verbreitet. Im Jahre 2003 wurden weite Teile Tuschetiens, teils als Reservat, teils als Nationalpark, unter strengen Naturschutz gestellt.

Die Fahrt aus der Alasani-Ebene hinauf nach Tuschetien dauert mindestens sechs Stunden, führt über einen fast 3000 Meter hohen Pass und ist nur im geländegängigen Vierradfahrzeug möglich. Das über weite Strecken unbefestigte und schwindelerregend schmale Sträßchen treibt das Adrenalin in lichte Höhen, eröffnet aber zugleich atemberaubende Ausblicke. Mancherorts passiert man wunderschöne Wasserfälle. Hie und da aber erinnern improvisierte Grabmäler an unaufmerksame, zu Tode gestürzte Autofahrer.

Unten:
Hat man die vielstündige Rumpelfahrt hinauf nach Tuschetien hinter sich gebracht, weitet dieses Panorama die Seele: ein Hochtal, Schafherden, im Hintergrund, vor der Gipfelkulisse des Großen Kaukasus, die Häuser von Omalo, dazu Stille und eine von Sauerstoff geradezu knisternde Luft.

Rechts oben:
Der Wehrturm-Verband Keselo wacht auf steilem Hügel über die Siedlung Omalo. Die Region Tuschetien grenzt im Norden und Osten an die russischen Teilrepubliken Tschetschenien und Dagestan. Von dort wurden die Orte im Lauf der Geschichte zwar immer wieder angegriffen, deren Festungen jedoch nie eingenommen.

Rechts Mitte:
Freudig bringt diese Bäuerin ihre Ernte, ein spezielles Heilkraut, ein. Tuschetiens Dörfer liegen auf 1800 bis 2200 Metern Seehöhe. Nur eine Hand

voll Familien verleben hier oben die harschen Winter. Die meisten ziehen im Frühherbst hinunter ins Tal, um erst nach der Schneeschmelze zurückzukehren.

Rechts unten:
Dr. Tsoroich Khevdaguridze ist Arzt – der einzige in ganz Tuschetien. Seit 1997 tut er hier ganzjährig Dienst. Dabei besucht er seine Patienten, wenn es die Witterung erlaubt, hoch zu Ross. Die Axt, die er auf dem Foto bei sich trägt, erlaube, lachte er nach dem Posieren, freilich keinerlei Rückschlüsse auf seine Behandlungsmethoden.

Rechts:
Mehrere Weiler wie dieser säumen in der Talschaft Pirikiti den Wanderweg, der entlang dem Fluss, weitgehend eben, bis nach Dartlo führt. Dazwischen ragt der eine oder andere von Wind und Wetter zernagte Wehrturm empor.

Rechts:
Ein Senner auf einem Weiler bei Diklo bereitet Molke zu. Viel hat sich hier oben über die Jahrhunderte nicht geändert. In den 1970er-Jahren brachten die Sowjets zwar Elektrizität. Das Leitungsnetz brach aber 1985 wieder zusammen. Seither hilft man sich mit Benzingeneratoren und, neuerdings, Sonnenkollektoren.

Ganz rechts Mitte:
Die malerische, aus Schieferplatten geschichtete Kirche von Schenako steht, wie bei alten Bergdörfern der Region üblich, etwas abseits am Ende eines Wiesenangers.

Ganz rechts unten:
In Tuschetien sind Pferde, mehr noch als in den Tallagen, bis heute von großem praktischem Nutzen. Geländewagen sind weiterhin rar.

Auf dem Gerichtsanger von Dartlo: Wo heute Kinder unbefangen spielen, wurde im 18. Jahrhundert zu Gericht gesessen. Auf den zwölf im Halbkreis angeordneten Steinen saßen die Geschworenen; ihnen gegenüber: der Angeklagte, sein Verteidiger, Zeugen; in der Mitte der Schwurstein, auf dem jeder an dem Prozessbeteiligte ein Barthaar zu deponieren hatte. Nur eine Person nicht: jene, die dem Gericht vorsaß, denn sie war – eine Frau.

Ein untrügliches Zeichen dafür, wie lebendig in den isolierten Berggebieten vorchristliches Gedankengut noch ist, sind die sogenannten Khati. Traditionell besitzt jedes Dorf mindestens einen solchen rituell mit weißen Steinen und Ziegenhörnern verzierten Schrein. In ihm wohnen, so der Glaube, die Schutzengel der einzelnen Familien. Jede dieser heidnischen Kultstätten ist einem lokalen Heiligen geweiht und nach diesem benannt.

Unten:
20 Kilometer östlich von Telavi wacht die Kirche von Gremi über die Alsani-Ebene. Sie ist den Erzengeln geweiht und gemeinsam mit der dreigeschossigen Festung, einem Glockenturm und einem Weinkeller der letzte Rest jener einst florierenden Stadt, von der aus noch im 16. Jahrhundert Kachetiens Könige über ihr Land regierten. Die Blüte endete mit den Einfällen der Truppen des persischen Schah Abbas I.

Rechts oben:
Das Umland von Telavi bietet viele Sehenswürdigkeiten, die Stadt selbst hingegen mit Ausnahme von Schloss Batonisziche kaum welche. Sehr besuchenswert ist aber ihr zentraler Lebensmittelbasar.

Rechts Mitte:
Dieses Soldatendenkmal in Signagi erinnert an die horrenden Verluste der Georgier im Zweiten Weltkrieg. Mehr als 700 000 kämpften in der Roten Armee gegen Hitler-Deutschland.

Rechts unten:
Ein bis heute weit verbreitetes Bild: Die Bäckerin klatscht im Akkord Teigfladen an die Innenwand des runden Lehmofens, einem sogenannten Tone. Wenig später ist daraus Puri geworden, jenes knusprige Weißbrot, das Georgier zu allen Gelegenheiten essen.

Georgien – Wiege des Weinanbaus

Burgund, Bordeaux, Rioja, Chianti, Mosel und Wachau, vielleicht auch Mendoza, Hunter Valley oder Stellenbosch ... weltläufige Weinliebhaber können, nach berühmten Herkunftsgebieten befragt, wohl auf Anhieb eine lange Liste herunterbeten. Kaum Erwähnung findet dabei in aller Regel Georgien. Was aus zweierlei Gründen von Ignoranz zeugt. Zum einen, weil die Region südlich des Kaukasus dank des warmen, sonnenreichen Wetters seit alters her ausgezeichnete und sehr vielfältige Weine hervorbringt. Sorten wie Rkatsiteli, Saperavi, Khikhvi, Kisi, Chinuri, Chkhaveri oder Mstvane Kakhuri kitzeln den Kennergaumen allein schon, wenn nur ihr Name fällt. In den zahlreichen Vinotheken der Hauptstadt Tbilisi befällt Connaisseure die Qual der Wahl. Und Güter wie Gurjaani, Khareba, Kindzmaurauli, Schuchmann oder Pheasant's Tears – um nur eine Hand voll renommierter Betriebe zu nennen – produzieren nicht nur auf technologisch modernstem Niveau köstliche und international preisgekrönte Kreszenzen, sondern bieten auch Verkostungsmöglichkeiten in teilweise sehr zeitgemäß-schickem Ambiente.

Die Unwissenheit aus westlicher Sicht erscheint umso sträflicher, sobald man die historische Ebene mit in Betracht zieht. Denn Georgien ist nicht irgendeine Anbauregion, sondern die älteste Europas, wenn nicht gar der Welt. Archäologen fanden etwa bei Ausgrabungen in Shulaveri in der Provinz Kartlien 8000 Jahre alte Traubenkerne, die eine Weinherstellung schon in der frühen Jungsteinzeit belegen. An mehreren Orten wurden aus jener Zeit (in der nicht zufällig auch die Kulturtechnik der Töpferei erfunden wurde) Weinkrüge entdeckt, komplett mit Bodensatz und Dekor in Form von Trauben und fröhlich feiernden Figuren. Griechische Chronisten, von Apollonius über Strabo bis Xenophon, haben in ihren Schriften immer wieder die zentrale Rolle hervorgehoben, die Georgier bei der Entwicklung der Winzerkultur spielten. Manche Etymologen führen sogar die Grundvokabel „Wein" auf das georgische Wort „gvino" zurück. Und die örtlichen heidnischen Gottheiten Aguna und Nunua sieht die Fachwelt in direkter mythologischer Analogie als Vorfahren von Dionysios und Bacchus.

Von den rund um den Erdball etwa 5000 bekannten Rebsorten stammen mehr als 500 aus Georgien und werden bis heute hier kultiviert. In den letzten Jahren der Sowjetunion wurden hierzulande 800 000 Tonnen Trauben geerntet. Seit 1991 ist die Menge, auch durch den von Russland befeuerten Wirtschaftskrieg, sprich: Importboykott, auf ein Achtel geschrumpft. Neuerdings steigen die Produktionszahlen jedoch wieder. Großer Beliebtheit erfreut sich – er darf nicht unerwähnt bleiben – auch der Tschatscha, der industriell aus Trester, privat gerne aus Früchten gebrannte „georgische Wodka". Die gegenwärtige Gesamtrebfläche wird auf gut 60 000 Hektar geschätzt. Rund siebzig Prozent davon liegen in der östlichen Provinz Kachetien, der Rest mehrheitlich in Kartlien und Imeretien.

Riesenamphoren aus Ton

Untrennbar mit der besonderen Qualität hiesiger Weine verbunden ist die sehr spezielle, naturnahe Methode ihrer Herstellung, die seit Urzeiten und in kleineren Betrieben bis heute in Gebrauch ist: Dabei werden die gepflückten Trauben mit bloßen Füßen in Bottichen zerstampft und hernach in sogenannten Qvevris gelagert. Diese Riesenamphoren aus Ton, die bis zu 100 Liter fassen und in den Kellerboden eingelassen sind, werden, um das Eindringen von Schimmelpilz zu verhindern, mit einem durch Ton und Holzasche abgedichteten Stein versiegelt und erst nach völliger Ausreifung des Weines, also nach etlichen Monaten, wieder geöffnet.

Und schließlich ist Georgien auch auf metaphysischer Ebene ein Weinland par excellence: Als Verehrer des Lichts sprachen die alten Georgier der Sonne als Lebensspender spezielle Wirkkraft zu. Was im Tierreich der Löwe war, nämlich Verkörperung solarer Energie auf Erden und damit Symbol des Wachstums, war bei den Pflanzen die gerne als „Tochter der Sonne" gerühmte Weinrebe. Als die heilige Nino im frühen 4. Jahrhundert den christlichen Glauben ins Land brachte, fertigte sie das allererste Kreuz aus Rebenästen und band es mit ihrem Haar, Sinnbild der Sonnenstrahlen, zusammen. Die Bedeutung des Weinbaus spiegelt sich auch in den vielen filigranen, aus Stein gemeißelten Trauben, Weinstöcken, Ranken und Blättern wider, die alte Kirchenfassaden zieren. Und selbst die anmutigen Buchstaben ihres einzigartigen Alphabets, heißt es, hätten die Georgier nach dem Vorbild von Weinranken und den gekräuselten Ablegern von Rebstöcken gestaltet.

Links:
Die Ortschaft Vardisubani am westlichen Stadtrand von Telavi blickt auf eine lange Tradition der Herstellung von Qvevris zurück. Dort kann man die riesigen Amphoren in verschiedenen Stadien der Herstellung unter freiem Himmel umherliegen sehen.

Oben:
Das Weingut Numisi in dem kachetischen Dorf Velistsikhe stammt aus dem 16. Jahrhundert. Seine Besitzer haben es in ein Winzermuseum verwandelt. Interessant ist neben alten Gerätschaften vor allem der Keller mit 33 Qvevris, in den Boden eingelassenen Tonamphoren.

Kleine Bilder rechts, von oben nach unten: Wer mehr über kachetischen Weinbau wissen will, ist im Twins Old Cellar richtig. Der Familienbetrieb in dem Winzerort Napareuli betreibt neben Verkostungen, einem Restaurant und Hotel auch ein sehr informatives Museum.

In der Weinkellerei Khariba steht alles für die Verkostung bereit. Das in der kachetischen Ortschaft Kvareli beheimatete Unternehmen nennt über 1000 Hektar Weingärten sein eigen, und den größten Keller Georgiens. Das verzweigte Stollensystem, in dem 25 000 Flaschen lagern, misst 7,7 Kilometer.

Eine Spitzenunterkunft auf dem Weg von Sagarejo nach Signagi ist das Hotel Ambasadori in der Ortschaft Kachreti. Es verfügt neben Swimmingpools, Golf- und Tennisplatz über ein eigenes Weingut, einen entsprechend reich bestückten Keller und ein stimmungsvoll designtes Restaurant.

Auch die Mönche des Mittelalters wussten die Qualität des unterirdisch in Qvevris vergorenen Weins zu schätzen, wie diese Reste eines Weinkellers in der Klosterruine von Ikalto belegen.

Rechts:
Afrika in Georgien, genauer: an der Straße von Telavi Richtung Gremi. Diese Herde Wasserbüffel suhlt sich, bewacht von einem Hirten und seinem Hund, sichtlich mit Vergnügen in einem Tümpel. Bei Sommertemperaturen bis deutlich über 40 Grad ist es ihnen nicht zu verdenken.

Rechts:
Eine Spitzenadresse im Nordteil Kachetiens ist das Hotel Royal Batoni. Der einer mittelalterlichen Burg nachempfundene Bau thront oberhalb eines modern gestalteten Badegewässers, dem Ilya-See, im Wald.

Ganz rechts:
Einer der renommiertesten Weinhersteller Kachetiens ist das Unternehmen Khareba. Es besitzt einen fast acht Kilometer langen Keller, in dem Abertausende Flaschen lagern. Von der Terrasse seines Restaurants genießt man eine herrliche Aussicht auf die hauseigenen Weingärten im Alsani-Tal.

Das nordwestlich von Telavi gelegene Kloster Ikalto wurde angeblich von einem der 13 syrischen Missionare im 6. Jahrhundert gegründet. Die später von König Davit angeschlossene Akademie besaß zur Zeit der georgischen Renaissance eine mit der von Gelati vergleichbare Bedeutung als Hort der Aufklärung. Auch Dichterfürst Schota Rustaweli soll hier seine Bildung empfangen haben. 1616 wurde das Hochschulgebäude von Kriegern des Perserschah Abbas I. zerstört.

Gute zehn Kilometer östlich von Telavi, in Tsinandali, steht der ehemalige Sommersitz Aleksander Tschawtschawadses, eines Offizier aus St. Petersburg, der sich im frühen 19. Jahrhundert als Lyriker und Übersetzer europäischer Literatur ins Georgische einen bleibend großen Namen machte. Das von einem prächtigen Park umgebene Gutshaus beherbergt heute ein Museum zur Geschichte der bekannten Adelsfamilie und der georgisch-russischen Beziehungen generell.

Seite 66/67:
Diese Schnecke zeugt, seit Jahren nun schon den Burgberg von Telavi hinabkriechend, vom spielerisch-kreativen Wesen der Georgier. Im Hintergrund grüßt, in Bronze gegossen, Irakli II., jener kachetische König, der 1783 unter persischer Bedrohung einen Vertrag mit Russland einging.

Rechts:
Kloster Bodbe bei Signagi gilt als eine der heiligsten Stätten Georgiens, denn es birgt das Grab der heiligen Nino.

Unten:
Heimfahrt vom Feld: Wer behauptet da, Landwirte bräuchten unbedingt ein motorisiertes Fahrzeug?

Das Städtchen Signagi verdankt seinen Ruf als einer der reizvollsten Orte des Landes zum einen seiner Lage auf einem exponierten Hügelrücken, von dem aus man einen famosen Blick über die Ebene des Alsani-Tals und auf die eisbedeckten Gipfel des Großen Kaukasus hat. Zu dem geradezu italienischen Flair trägt aber auch das malerische Stadtbild mit den engen Gassen und vielen Holzbalkonen bei, die man im Zentrum in den letzten Jahren mustergültig und ziemlich flächendeckend restauriert hat.

Oben:
Zweigt man von der Hauptstraße, die Tbilisi mit Aserbeidschan verbIndet, bei Sartichala nach Süden Richtung Davit Garedscha ab, sieht man an klaren Tagen die Gipfelkette des Großen Kaukasus quasi in Breitwand-Cinemascope am Horizont aufragen.

Rechts:
Georgien ist auf der energiepolitischen Weltkarte vorrangig als Transitland für Öl aus dem Kaspischen Meer von Belang. Geringe Mengen des schwarzen Goldes holt man freilich auch aus dem eigenen Boden, hier auf halbem Weg zwischen Tbilisi und Sagarejo.

Die Tagesfahrt von Tbilisi nach Davit Garedscha empfiehlt sich nicht nur wegen des Klosters. Auch die Natur auf dem Weg dorthin ist erlebenswert. Sie zeigt eine zusätzliche, sehr andere Facette der landschaftlichen Vielfalt Georgiens: eine baumlose, sanft ondulierende Weite, durchsetzt mit Seen und bevölkert unter anderem von Kranich-Schwärmen. Am Ziel wartet sogar eine Halbwüste mit spektakulären Gesteinsformationen.

Unten und ganz unten:
Auf dem Gipfelkamm des angrenzenden Berges liegt, einen circa halbstündigen, recht steilen Anstieg vom Stammkloster entfernt, das Höhlenkloster Udabno. Seine über 1000 Jahre alten Fresken werden jeden, der sich für östliche Sakralkunst interessiert, begeistern.

Rechts:
Das Kloster Davit Garedscha wurde im frühen 6. Jahrhundert vom heiligen Davit, einem der 13 syrischen Missionare, gegründet. Es liegt ungefähr drei Autostunden südöstlich von Tbilisi, unmittelbar an der Grenze zu Aserbeidschan. Wegen der häufigen Invasionen, unter anderem durch die Mongolen, Tamerlan und die Perser, ist es von einer massiven Wehrmauer umgeben.

Das Zentrum und der Nordwesten

Ziemlich mondän wirkt Kutaisi, das uralte Zentrum der Provinz Imeretien, auf dem Agmaschenebeli-Platz. Das liegt zum einen an der repräsentativen Fassade des Staatstheaters, zum anderen aber auch am Kolchis-Brunnen. Der ist mit überdimensionalen Repliken von Objekten des im nahen Vani entdeckten antiken Goldschatzes gestaltet.

Mit Geschichte getränkt und herrlicher Natur gesegnet sind auch die zentralen Landesteile. Ausgangspunkt für deren Erkundung ist Kutaisi, das bereits für das antike Reich von Kolchis und im Mittelalter für das von Imeretien als Hauptstadt fungierte. Seine größte Attraktion ist die über 1000 Jahre alte, kürzlich umfassend rekonstruierte Bagrati-Kathedrale. Sehenswert sind auch das ultramoderne Parlamentsgebäude, das Geschichtsmuseum, die Oper, überhaupt der charmante Stadtkern, und eine halbe Autostunde südwestlich die Ausgrabungsstätte Vani, aus deren Boden die prächtigsten kolchischen Goldarbeiten stammen. Auf dem Weg dorthin empfiehlt sich ein Abstecher zur Ruine des Palastes von Geguti, von dem aus die legendäre Königin Tamar ihr riesiges Reich regierte.

Nikortsminda, Martvili, Mghvime, Motsameta … Natürlich ist auch diese Region gespickt mit altehrwürdigen Sakralbauten. Ein Highlight markiert der durch König Davit gegründete Klosterkomplex von Gelati, an dessen Akademie vor 900 Jahren die klügsten und kritischsten Köpfe der Zeit lehrten. Wen es nach Naturerlebnissen gelüstet, der rudert im Schlauchboot durch den Canyon von Martvili, genießt den Blick vom Skywalk in den Okatse Canyon, durchwandert die Prometheus- oder die Sataplia-Höhle. Eine frag-, aber dennoch sehenswürdige Station ist das Stalin-Museum in Gori, ein Muss die frühgeschichtliche Höhlensiedlung Uplistsikhe sowie, weit im Westen, in Zugdidi, der Palast der Fürstenfamilie Dadiani. In jeglicher Hinsicht eine Welt für sich bildet das sagenumwobene Bergland von Swanetien. Orte wie Mestia und Usghuli laden mit ihren archaischen Wehrtürmen zu Zeitreisen in wilde, heidnische Vergangenheiten, der Große Kaukasus als grandiose Kulisse zu unvergesslichen Bergabenteuern.

Links:
Wahrzeichen von Gori, einem uralten Handelsort, in dem 1879 Stalin das Licht der Welt erblickte, ist die weithin sichtbare Festungsruine. Ihr zu Füßen erinnert ein Denkmal an den Sieg im Großen Vaterländischen Krieg.

Links unten:
Etwa auf halbem Weg von Tbilisi nach Gori erhebt sich nördlich der Autobahn die Kathedrale von Samtavisi – ein Prachtexemplar einer Kreuzkuppelkirche mit reichem Fassadenschmuck aus dem 11./12. Jahrhundert.

Unten:
Uplistsikhe ist zwar die kleinere Schwester der berühmten Höhlenstadt Vardzia, jedoch weit älter. Gegründet wurde diese „Festung Gottes“ alten Quellen zufolge im 6. Jahrhundert v. Chr. Besiedelt war das östlich von Gori hoch über dem hier malerisch mäandrierenden Fluss Mtkwari gelegene Plateau aber bereits vor rund 4000 Jahren.

Linke Seite:
Uplistsikhe war ein wichtiges Handelszentrum an der antiken Seidenstraße. Obwohl seine einst in das weiche Felsgestein geschlagene Bausubstanz durch die Mongolen weitgehend zerstört wurde, sind Weinkeller, eine Apotheke, die Hauptstraße sowie die Ruinen eines Theaters erkennbar. Die Basilika stammt aus dem 13. Jahrhundert.

In dem Stalin noch zu Lebzeiten in seiner Geburtsstadt Gori errichteten Museum wurde das schlichte Geburtshaus des späteren Diktators mit einem klobigen „Tempel" überbaut.

Das Gros der Georgier ist geistig längst auf Distanz zum „großen" Sohn des Landes gegangen. Im Museum von Gori freilich werden Leben und Wirken von Josif Wissarionowitsch Dschugaschwili alias Stalin nach wie vor irritierend unkritisch dargestellt. Nur ein paar Zusatzräume im Souterrain thematisieren neuerdings den stalinistischen Terror und seine Opfer.

Stalins Geburtsstadt – Impressionen aus Gori

Es war ein Ereignis, dessen Tragweite in Gori beim besten Willen niemand ahnen konnte: Als in dem eine heutige Autostunde westlich von Tbilisi gelegenen Städtchen kurz vor Weihnachten 1879 dem mittellosen Flickschuster Wissarjon Dschugaschwili und seiner Frau, einer Wäscherin, ein Sohn geboren wurde, deutete nichts auf das Unheil hin, das dieser über Abermillionen Menschen bringen sollte. Der Werdegang vom Kleriker in spe, der dem Herzenswunsch der frommen Mutter entsprechend in ein Tbiliser Priesterseminar eintrat, dieses wegen revolutionärer Umtriebe jedoch bald verlassen musste, bis zum Alleinherrscher über die Sowjetunion, der Inkarnation eines von krankhafter Kriminalität getriebenen Diktators schlechthin, ist nur allzu bekannt.

Dennoch lohnt der Besuch seiner bis heute kaum 50 000 Einwohner zählenden Heimatstadt. Die monumentale Statue des Menschenfeindes, die auch viele Jahre nach dem Ende der UdSSR noch den Platz vor dem Rathaus von Gori zierte, wurde immerhin 2010 auf Geheiß des damaligen Präsidenten Michail Saakaschwili entfernt. Doch wurde die sechs Meter hohe Bronze inzwischen, wenn auch an einem weniger prominenten Ort, wieder aufgestellt. Außerdem lässt sich bis heute hier auf gleichermaßen lehrreiche wie fragwürdige Weise den Fährten des „großen“ Sohnes folgen.

Schauplatz der biografischen Begegnung ist das örtliche Josef-Stalin-Museum. Der palastartige, von einem Vierkant-Turm flankierte Bau im Stil stalinistischer Neogotik wurde 1951, zwei Jahre vor dem Tod seines Namenspatrons, begonnen und 1957 allen Chruschtschow'schen Entstalinisierungskampagnen zum Trotz eröffnet. Ideelles Herzstück des Komplexes dürfte, zumindest für fehlgeleitete Adoranten und auf authentische Relikte erpichte Spurensucher, das Geburtshaus sein. Das winzige Gebäude, in dessen zwei denkbar schlicht möblierten Kammern Stalins Eltern, wie die Museumsführerin beflissen erklärt, drei Jahre lang zur Miete wohnten, wurde mit einem pompösen, an ägyptische Tempel gemahnenden Pavillon überbaut, in dessen Glasdach unübersehbar, weil knallrot, der fünfzackige Kommunistenstern prangt. In Sichtweite steht, auf Schienen geparkt, jener grüne Pullmann-Waggon, in dem der von Flugangst geplagte Schlächter ab 1941 sämtliche Fernreisen – unter anderem auch zu den Konferenzen von Jalta und Teheran – unternahm. Das speziell mit dicken Stahlplatten gegen Attentate bewehrte Gefährt wiegt schlanke 83 Tonnen.

Leben und Wirken des Stählernen

All dies ist, wie auch die kleinere Stalin-Statue am Eingang freilich nur ein Präludium für die Hauptattraktion: die zweigeschossige Schau zum Leben und Wirken des „Stählernen“. Dort kann man auf einem Gang durch sechs riesige Säle die ganze lange Karriere nachverfolgen: vom frühen Sozialdemokraten, der sich den Bolschewiki anschloss, über den Politkommissar der Roten Armee, den Volkskommissar für Nationalitätenpolitik (der gerade im Kaukasus besonders gnadenlos wütete) bis zum Karrieresprung ins Amt des ersten Generalsekretärs der Partei; von der schrittweisen Ausschaltung sämtlicher – vermeintlicher – Rivalen, über die Kollektivierung der Landwirtschaft und Industrialisierung bis zum triumphalen Sieg im Großen Vaterländischen Krieg gegen Nazi-Deutschland. Die Laufbahn findet sich so gut wie lückenlos dokumentiert. Zumindest beinahe: Von den Schattenseiten und Nebenwirkungen auf Millionen Zeitgenossen erfährt man praktisch nichts.

Der „political correctness“ geschuldetes Postskriptum: Nach dem opferreichen Kaukasuskrieg 2008 um die Zukunft der abtrünnigen Gebiete Abchasien und Südossetien kündigte Georgiens Kulturminister die baldige Umwandlung des Stalin-Museum in ein „Museum der russischen Aggression“ an. Einige Jahre lang hing über dem Eingang ein Transparent, das dem Museum vorwarf, Geschichtsfälschung zu betreiben und zu versuchen, eine der blutigsten Gewaltherrschaften der Menschheitsgeschichte zu legitimieren. 2012 stimmte die Stadtverwaltung freilich mehrheitlich gegen die Neugestaltung der Ausstellung. Ein später Sieg ewiggestriger Kräfte? Oder doch „nur“ pragmatisches Kalkül um den touristischen Wert einer aus der Zeit gefallenen Institution? Umfragen und einschlägige Studien besagen, für die große Mehrheit der Georgier sei Stalin längst untragbar. Einige wenige Prozent nur würden ihn heute noch als Vorbild ansehen. Immerhin: Im Souterrain des Protzbaues hat man in jüngsten Jahren einige Räume, kleine und nur improvisiert gestaltete, der Erinnerung an den Stalin'schen Terror und an seine Opfer gewidmet.

Links: Auf dem Museumsgelände, vor seinem Geburtshaus, steht der große Sohn Goris bis heute in (Über)Lebensgröße.

Oben: Am Stadtrand von Tbilisi harrt in einem Brunnenschacht eine zeitgeschichtliche Kuriosität der Entdeckung: jene mittlerweile verrostete Druckerpresse, auf der Stalin am Beginn seiner Laufbahn mit einer Hand voll Kampfgenossen heimlich Manifeste und Pamphlete vervielfältigte.

Kleine Bilder rechts, von oben nach unten: *Im Museumsshop des Stalin-Museums von Gori werden, zumindest aus Sicht aufgeklärter Demokraten, reichlich fragwürdige Devotionalien zum Kauf geboten.*

Stalin litt heillos unter Flugangst. In diesem schusssicheren Luxuswaggon pflegte er in „seinem“ Riesenreich zu reisen.

Mit unverhohlenem Stolz zeigt der ehemalige Geheimdienstoffizier seinen KGB-Ausweis. Als Georgier am Ende der UdSSR außer Dienst gestellt, hütet er bis heute die legendäre Druckerpresse samt einer in Eigenregie gestalteten Gedenk- und Huldigungsstätte.

Ein Pilgerort für Unbelehrbare, aber zweifellos ein historischer Ort: das Haus der Eltern Dschugaschwili auf dem Gelände des Stalin-Museums von Gori.

Schraubenschlüssel oder Scheibenwischer gefällig? Zylinderdichtung oder gebrauchtes Motoröl? Auf diesem improvisierten Zubehör- und Ersatzteilmarkt finden Autofahrer mit Selfmade-Qualitäten (fast) alles, was ihr Herz begehrt.

Die Kleinstadt Khashuri in der zentralen Provinz Inner-Kartlien war schon zu Sowjetzeiten bekannt für die Herstellung von Hängematten und Liegestühlen. Bis heute werden die beiden Paradeprodukte entlang der Hauptstraße in hunderterlei Farben und Formen feilgeboten.

Zur Erntezeit kann man in vielen Obstanbaugebieten, wie hier unweit des Klosters Kintvisi in Inner-Kartlien, entlang der Landstraßen Tlapki kaufen. Diese süße Spezialität wird aus pürierten Früchten, meist Äpfel, Birnen, Pfirsichen oder Aprikosen, hergestellt. Dünn aufgetragen, trocknet sie zu einer ledrig-zähen, aber leckeren Masse. Die saure Version hat Pflaumen als Rohmaterial.

Gamardschoba! Seid gegrüßt! Und: Gaumardschos! Prost, zum Wohle! Unterwegs im Land, wird der Fremde auf Schritt und Tritt eingeladen. Diese fröhlichen Zecher in einem Vorort Kutaisis machten keine Ausnahme.

Rechts:
Real-existierende Beautification: Wie hier in der Region Inner-Kartlien unweit der berühmten Kirche von Tsromi stößt man an Landstraßen häufig auf ehemalige Kolchosen. Das Gelände dahinter mag verwahrlost sein, doch das Einfahrtsportal zeugt noch von einem gewissen Willen zur Verschönerung.

Unten:
Ernteszene in der Nähe der Ortschaft Khashuri. Die nur sehr schleppende Modernisierung der Agrarwirtschaft hemmt naturgemäß die Produktivität und ist ein Grund für die grassierende Landflucht.

Oben:
Was dazu wohl ein strenger Lebensmittelhygieniker sagen würde? Dieser Herr hat eine frühere Tankstelle kurzerhand zur ambulanten Fleischerei umfunktioniert. Und ist sichtlich stolz auf seine metzgerischen Fähigkeiten.

Links:
Ein Bild, das genauso gut in die Sowjet-Ära, etwa unter Breschnew passte. Immer noch mehr als die Hälfte der Georgier ist in Dörfern zuhause und arbeitet in der Landwirtschaft. Wobei die große Mehrheit unter den prekären Verhältnissen leidet.

Rechts:
Wenige Kilometer südlich von Kutaisi stehen linkerseits des Rioni die Ruinen des Palastkomplexes von Geguti. Dabei handelt es sich um die kunsthistorisch bedeutendsten Baureste der georgischen Profanarchitektur. Der riesige, im Kern über 1000 Jahre alte Komplex diente den georgischen Königen vom 10. bis ins 17. Jahrhundert als Jagdschloss und Sommerresidenz. 1179 ernannte Georg III. hier seine Tochter Tamar zur Mitregentin.

Rechts unten:
Shaliko Chachoashvili ist einer von etwa 15 Juden, die heute noch in Oni leben. Das in der Region Ratscha, am Ufer des Rioni gelegene Städtchen war seit alters neben Tbilisi und Kutaisi eines der Zentren jüdischen Lebens im Land. Noch in den 1960er-Jahren zählte die örtliche Gemeinde 3500 Mitglieder. Dann erlaubte ihnen Moskau unter Zurücklassung ihres gesamten Hab und Guts die Auswanderung.

Ganz rechts Mitte:
Antisemitismus war in Georgien, wo Juden vermutlich seit 2600 Jahren heimisch sind, nie ein Thema. Im Gegenteil: Nach 1945 lebten 100 000 im Land. Zu Sowjetzeiten wanderten neun Zehntel aus. Die Synagoge von Oni wurde 2015 als ein Kulturdenkmal generalrenoviert.

Ganz rechts unten:
Am Ortseingang von Ambrolauri erinnert eine überdimensionale Flasche Chwantschkara daran, dass man sich im Anbaugebiet dieses berühmten Rotweines befindet.

Schon beim Anblick des Felsen von Katskhi könnte einem schwindlig werden: Auf dem 40 Meter hohen Kalkstein-Monolith, der in der Region Imeretien nahe der Stadt Chiatura aus einer waldigen Schlucht ragt, lebten vermutlich schon im 7. Jahrhundert nach dem Vorbild nahöstlicher Säulenheiliger Mönche. 1993 richtete sich dort erneut ein Eremit sein luftiges Zuhause ein. Inzwischen haben Freiwillige das Kirchlein renoviert. Die Leiter erklimmen dürfen freilich nur ganz wenige ausgewählte Personen.

Kleine Bilder links:
Etwa zeitgleich mit der Bagrati-Kathedrale (großes Bild), nämlich Anfang des 11. Jahrhunderts, ließ König Bagrat III. in Nikortsminda, unweit dem heutigen Städtchen Ambrolauri, eine Bischofskirche bauen. Ihr Inneres ist schön freskiert. Kostbar ist jedoch vor allem der Reliefschmuck an der Außenfassade, und hier insbesondere der thronende, von vier Engeln flankierte Jesus – eine Allegorie auf Christi Himmelfahrt oder das Jüngste Gericht – im südlichen Giebel. Der separat stehende Glockenturm wurde erst nach 1850 hinzugefügt.

Unten:
Die Habsburger? Romanows? Oder die englischen Plantagenet? Im Vergleich mit den Bauherren dieses Gotteshauses erscheinen jene europäischen Dynastien geradezu als Kurzzeit-Herrscher. Immerhin erlangten Fürsten aus dem georgischen Geschlecht der Bagratiden schon im 9. Jahrhundert königlichen Status. Und der letzte wurde 1801, exakt 913 Jahre später, vom russischen Zaren entthront. Die Bagrati-Kathedrale in Kutaisi war 1003 vollendet.

Kutaisi wurde bereits 700 Jahre vor Christi Geburt von griechischen Kolonisten als Hauptstadt des Reiches von Kolchis angelegt. In Georgiens goldener Zeit, unter König Davit dem Erbauer im 12. Jahrhundert, war die Hauptstadt Imeretiens unangefochtenes Zentrum des Landes. Heute könnte man sich in manchen Straßenzügen des Stadtkerns durchaus in einer mittelgroßen Stadt des habsburgischen Österreich glauben. Das Denkmal aus Rohbeton ist freilich deutlich jüngeren Datums.

Ganz links und links:
Indizien für den Charme Kutaisis: das bistroartige Restaurant Palaty und die Bronzefigur an einer der Brücken über den Rioni-Fluss.

Unten:
Wie eine gläserne Schildkröte wirkt aus der Entfernung das ultramoderne Parlamentsgebäude. Michail Saakaschwili hatte als Präsident seinen Bau und damit die Übersiedlung der Volksvertretung nach Kutaisi veranlasst. Sein Nachfolger, Bidsina Iwanischwili, machte den Entscheid freilich wieder rückgängig.

Die Kolchis – Schauplatz der Argonauten-Sage

Die Anfänge des berühmten Mythos lassen sich circa 3000 Jahre zurückverfolgen und an konkreten geschichtlichen Ereignissen festmachen: Es war im 8. Jahrhundert v. Chr., als nach dem Fall des Großreiches von Urartu und dem Rückzug der indogermanischen Skythen im Südkaukasus ein Machtvakuum entstand. Es ermöglichte auf dem Boden des heutigen Georgien die Herausbildung zweier Königreiche: Kolchis mit der Hauptstadt Äja, dem späteren Kutaisi, im Westen und Iberia mit Mtskheta als Zentrum im Osten. Die Zweiteilung sollte bis ins Jahr 1008 Bestand haben, als König Bagrat III. endlich die Vereinigung der beiden Gebiete unter einer Krone gelang.
In der Vorantike rief sie zwei Großmächte auf den Plan: Die persischen Achaimeniden verleibten sich alsbald Iberia ein. Und im fernen Westen gründeten die Griechen – genauer: die Ionier aus Milet – entlang der Schwarzmeerküste mehrere Kolonien, namentlich Phasis (das heutige Poti), Pithyunt und Dioscurias (Pizunda und Suchumi im Gebiet von Abchasien). Aus dem Westen brachten die Kolonisten vornehmlich Olivenöl, Keramikgeschirr, Waffen und Schmuck übers Meer. Auf der Rückfahrt Richtung Ägäis hatten sie hauptsächlich Holz und Harz, Eisen, Silber und Gold an Bord. Vor allem Letzteres weckte ihre Fantasie und ließ sie in das Hinterland, jene fruchtbare, damals stark versumpfte Schwemmebene am Unterlauf des Flusses Rioni, vordringen, in dem angeblich sagenhafte Reichtümer lockten. Diese Kolchis genannte Niederung, die ungefähr das gedachte Dreieck mit der Küstenlinie von Batumi bis Suchumi als Basis und Kutaisi als Spitze umfasst, galt den Griechen als Heimat des legendären Goldenen Vlieses.
Nüchtern-aufgeklärte Zeitgenossen wollten schon in der Antike in ihm nichts weiter als einen Hinweis auf die Methode erkennen, mithilfe ins Wasser getauchter Schaffelle jenen Goldstaub aufzufangen, den der Rioni aus dem Kaukasus-Fels meerwärts beförderte. Der griechische Mythos freilich verwandelte das Vlies in das legendäre Fell des Chrysomeles. Dieser sei, so die Sage, ein goldener Widder gewesen, der fliegen und sprechen konnte und durch die Errettung eines boötischen Prinzen zu unsterblichem Ruhm gelangt war. Und dessen sterbliche Überreste Aietes, der König von Kolchis, in einem heiligen Hain aufbewahren und von einem kolossalen Drachen, der niemals schlief, bewachen ließ. Der weitere Verlauf der Geschichte ist fester Bestandteil der Weltliteratur: Damit er im Machtkampf um die Thronnachfolge im Königreich Thessalien bestehe, macht sich ein gewisser Jason auf, das sagenumwobene Vlies vom Ende der Welt heimzuholen. Er schart die berühmtesten Helden Griechenlands um sich, lässt sich von Argos das erste hochseetüchtige Schiff, die Argo, bauen. Und gemeinsam segelt der als Argonauten apostrophierte Trupp gen Osten. Als die Männer an der kolchischen Küste landen, sehen sie am Horizont die Gipfel des Großen Kaukasus und vernehmen das Stöhnen des dort an eine Felswand geschmiedeten Prometheus und den Flügelschlag jenes Adlers, der in dessen Leber wühlt. Vor allem aber begegnet Jason der Königstochter Medea. Sie verliebt sich, verrät ihren Vater Aietes und ermöglicht Jason unter der Bedingung, dass er sie zur Frau nimmt, den Diebstahl des begehrten Schaffells.

Goldreichtum

Mit einem Wort: Die Griechen gliederten Georgien in ihren „mythischen Kosmos" ein und „hellenisierten" die Kolchis so auch auf geistiger Ebene. Die Grenzen zwischen Fiktion und Faktum sind im Rückblick naturgemäß fließend. Tatsache ist, dass viele Historiographen der Antike, unter ihnen Strabon, die Argonautensage als historisches Ereignis beschrieben. Zumindest der Goldreichtum von Kolchis ist jedenfalls inzwischen eindrücklich erwiesen: Archäologen haben aus dem westgeorgischen Boden grandiose Goldschmiedearbeiten zu Tage gefördert. Diesbezügliche Hauptfundstätte ist der Ort Vani, den Fachleute als einstiges Zentrum der Kolchis erachten. Wer die dort gefundenen und heute im Kellergeschoss des Georgischen Nationalmuseums in Tbilisi zur Schau gestellten Armreife und Kopfgehänge, Becher, Ketten, Spangen, die aus dem Edelmetall präzisest getriebenen mit filigransten Kügelchen und gedrehten Drähten dekorierten Tier- und Menschengestalten sieht, erkennt: Kolchis war offenkundig viel mehr als ein entlegenes Land mit vermeintlich barbarischer Kultur. Es war die Heimat herausragender Handwerker und ein kunstgeschichtlich ebenso reicher wie eigenständiger Kulturraum.

Links:
Dieses Denkmal Jasons mit dem Goldenen Vlies steht im Erholungspark des Kurorts Borjomi.

Oben:
Der Brunnen vor dem Staatstheater in Kutaisi zeigt ins Riesenhafte vergrößerte Artefakte, darunter Statuetten und Ohrgehänge aus dem berühmten Goldschatz von Vani.

Kleine Bilder rechts, von oben nach unten: *In der Provinz Samegrelo, stehen, wo die Straße zwischen Senaki und Martvili den Fluss Tekhuri quert, die mächtigen Mauern von Nokalakevi. Die insgesamt 20 Hektar große Anlage stammt aus der Zeit der griechischen Kolonisation, also Kolchis.*

Omar Gabunia erlebte schon als Halbwüchsiger in den 1960er-Jahren die Ausgrabungen an der Fundstätte von Vani mit. Seit 1985 ist er Direktor des zugehörigen Museums.

Seit 1896 werden in Vani die Reste einer vorchristlichen Tempelstadt, sie hieß bei den Griechen Surium, ergraben. Dabei kamen im Laufe der Zeit sensationelle Goldschmiedearbeiten zutage.

Das Gros des Schatzes, darunter diese Spange und der Becher, werden im Georgischen Nationalmuseum in Tbilisi der staunenden Nachwelt präsentiert.

Das Kloster Gelati, wo sämtliche Bilder dieser Doppelseite entstanden, ist nicht ein beliebiges unter den vielen Klöstern Georgiens, sondern ein besonders prächtiges und das historisch wohl bedeutsamste. Davit IV. „der Erbauer" – der in der südlichen Eingangshalle bestattet liegt (Bild ganz links Mitte) – hat es 1106 gegründet und zu einem Zentrum der Kunst und Wissenschaft gemacht. Die heutige Hauptattraktion ist, neben der Aura der Anlage, die Hauptkirche mit ihren grandiosen Fresken.

Seite 96/97:
Etwa zehn Kilometer nordwestlich von Kutaisi liegt in einem grünen Tal zwischen Hügeln der Heilbadeort Tskaltubo. Die zahlreichen pompösen Sanatorien haben ihre besten Tage zwar schon hinter sich, doch ein Aufenthalt oder zumindest ein Zwischenstopp lohnen dennoch, und wenn auch nur zu dem schönen Zweck, in Nostalgie zu baden.

Links:
Für einen Adrenalinschub und herrliche Aussichten über die Baumwipfel bis zu den swanetischen Gipfeln sorgt ein Gang über den neuen Skywalk im Tal des Flusses Gordi. Er führt oberhalb des Okatse Canyon entlang.

Links Mitte:
Selbst wer auf der Welt schon diverse Tropfsteinhöhlen durchwandert hat, wird hier ob der Vielfalt der Formationen und der Gesamtdimension gehörig staunen: Die Prometheus-Höhle nordwestlich von Kutaisi ist 1,2 Kilometer lang, über 650 Stufen bestens erschlossen und ein Fest für das Auge.

Links unten:
Weiße Bäderarchitektur in Tskaltubo. Aufgrund seiner radioaktiven Mineralquellen und mondänen Vergangenheit ist es das bekannteste Heilbad Georgiens.

Unten:
Eine wildromantische und erfrischende Angelegenheit ist, vor allem an subtropisch-heißen Sommertagen, eine Ruderpartie im Schlauchboot durch den schattig-kühlen Canyon von Martvili.

Oben:
Die Kathedrale von Martvili stammt im Kern aus dem 10. Jahrhundert. Sie ist trotz entstellender Umbauten aus viel späterer Zeit – als sie den mingrelischen Fürsten als Grabkirche diente – besichtigenswert. Unter anderem wegen der Fresken, die Kunsthistoriker in die Zeit um 1700 datieren.

Rechts:
Interessant ist auch dieses der Hauptkirche in Martvili im Norden unmittelbar benachbarte zweigeschossige Kirchlein. Stammt es doch aus dem 12. Jahrhundert.

Zugdidi, die Hauptstadt der Provinz Mingrelien, ist Ausgangspunkt für die Fahrt in die Bergregion Swanetien und eigentlich nur wegen einer Attraktion einen Stopp wert: dem Palast der Fürsten Dadiani. Der wurde in der ersten Hälfte des 19. Jahrhunderts erbaut und bald darauf zu einem Museum umgewidmet. Dieses informiert heute anhand von mehr als 40 000 Exponaten umfassend über die Geschichte der Region wie auch der alten mingrelischen Herrscherfamilie, die einst hier residierte.

Das an der Straße von Kutaisi nach Martvili gelegene Städtchen Khoni ist vermutlich an die 1500 Jahre alt und war schon im Mittelalter ein Warenumschlagplatz. Dennoch wäre es keiner näheren Erwähnung wert, verfügte das örtliche Kulturzentrum aus sowjetischer Zeit nicht über eine Fassadendekoration, die man getrost als nichtalltäglich bezeichnen darf.

Linke Seite:
Das wilde, schöne Swanetien, Herzland des Großen Kaukasus, hat mit seinen Mythen und Sagen jahrhundertelang die Dichter des Landes inspiriert. Blutrache und Stammesfehden dienten ihnen als immer wiederkehrende Stoffe. In der Tat waren die Sitten der heißblütigen, säbelschwingenden Männer in den entlegenen Tälern bis vor kurzem noch so rau wie die Hochgebirgsnatur, in der sie lebten.

Der Ushba, der sich unweit von Mestia, am Ende des Tales von Betsho erhebt, ist mit seinen senkrechten Felsflanken und steilen Gletschern einer der markantesten Gipfel Georgiens, aber mit 4737 Metern beileibe nicht der höchste. Dieser Superlativ gebührt dem Schchara (5068 Meter), dicht gefolgt vom Kasbek mit 5047 Metern.

Architektonisches Wahrzeichen von Swanetien sind die steinernen Wehrtürme: In Mestia etwa, dem Verwaltungszentrum der Region, stehen noch viele jener archaischen Gebäude, in denen sich noch vor gar nicht so langer Zeit Familien vor der Rache der Feinde in Sicherheit zu bringen pflegten.

Oben:
„Alpine Klein-San-Gimignanos“ hat der Kulturpublizist Alfred Renz die swanetischen Dörfer in Anlehnung an das für seine Geschlechtertürme berühmte Städtchen in der Toskana genannt. Die erste eindrucksvolle Formation von Wehrtürmen begegnet dem Anreisenden schon bei Lakhani.

Rechts und ganz rechts Mitte:
Das Lamaria-Kirchlein oberhalb von Usghuli stammt aus dem 12., manche Quellen behaupten sogar aus dem 10. Jahrhundert.

Ganz rechts unten:
Turm der Königin Tamar nennen die Bewohner Usghulis den Turm, der von einem Hügel über den Ortsteil Tschwibiani wacht.

Oben:
Die swanetischen Häuser aus schiefergrauem Stein wirken, wie hier im unteren Teil des Dorfes Usghuli, ziemlich abweisend.

Ganz links Mitte und ganz links unten:
Ungleich einladender, mit einer lichtdurchlässigen Fassade, hat man das neue Gemeindeamt von Mestia, etwas schrullig hingegen die sehr beliebte Figur der Königin Tamar auf dem Hauptplatz gestaltet.

Links:
Unterwegs auf der erst vor wenigen Jahren komfortabel ausgebauten Straße von Mingrelien hinauf nach Swanetien, kommen linkerhand immer wieder grandiose Gipfelketten in den Blick.

Einen so hoch dramatischen und zugleich fotogenen Standort haben nicht viele Gotteshäuser dieser Welt vorzuweisen: Die Lamaria-Kirche steht auf einem Hügelkamm weit hinter den letzten Häusern von Usghuli. Im Hintergrund versperrt der gewaltige Felsriegel des Schchara, Georgiens höchstem Berg, den Weg und Blick.

Die Winter dauern in Ober-Swanetien im Schnitt von Ende Oktober bis Anfang Mai. Entsprechend kurz sind die Sommer und schnell muss die Heuernte eingebracht werden.

Rechte Seite:
Nicht nur hier in Usghuli, sondern in Swanetien generell hatte ursprünglich so gut wie jedes Haus seinen eigenen Festungsturm mit vier bis fünf durch Steinplatten voneinander isolierten Stockwerken. Sie stammen aus dem 10. bis 12. Jahrhundert und stehen heute allesamt unter Denkmalschutz.

Der Südwesten mit Schwarzmeerküste

Ein architektonisches Schmuckstück der Hafenstadt Batumi ist das Gebäude im Nordosten des Europaplatzes, an der Ecke zur Konstantin-Gamsachurdia-Straße. Sein neo-historistischer Turm trägt eine astronomische Uhr und wird abends wirkungsvoll illuminiert.

Gegensätzlicher könnten die beiden Landschaften, von denen in diesem Kapitel die Rede ist, kaum sein: Da ist zum einen der Kleine Kaukasus, ein Mittelgebirgsland mit dichten Wäldern, alpenländisch anmutenden Almen und populären Wintersport- und Luftkurorten. Kontrapunktisch wartet weiter westlich, an den Gefilden des Schwarzen Meeres, ein Landstrich, dessen Klima und Vegetation eindeutig subtropische Züge tragen.

Zweigt man in Khashuri von der Hauptstraße Tbilisi–Kutaisi Richtung Südwesten ab, gelangt man nach Borjomi, dessen Heilquellen schon auf betuchte Erholungssucher aus dem Zarenreich große Magnetkraft ausübten und das bis heute das Flair eines alten Kurortes verströmt. Etwas oberhalb liegt, in herrlich unversehrte Gebirgsnatur gebettet, Bakuriani, ein bei Wanderern und Skifahrern beliebter Ferienort. Näher zur türkischen Grenze hin laden Akhaltsikhe mit seiner grandiosen Schlossanlage und die spektakuläre Höhlenstadt Vardzia zu einer ausführlichen Besichtigung ein. Höhenluft schnuppert man in Abastumani (wo Generationen sowjetischer Astronomen die Geheimnisse des Himmels erkundet haben) und auch auf dem Goderdzi-Pass. Von Letzterem führt die Straße hinab in die Region Adscharien, eine geschichtlich wiederum sehr eigenständige, landschaftlich wildromantische Welt. Nicht nötig zu betonen, dass man auch hier im Südwesten auf Schritt und Tritt dem christlichen Erbe in Form altehrwürdiger Kirchen und Klöster begegnet: etwa in Timotesubani, Zarzma oder Shalta.

Zumindest ein, zwei Tage Aufenthalt lohnt zu guter Letzt Batumi. Dank ihres multikulturellen Erbes spannend und neuerdings wieder quicklebendig, lockt die Hafenmetropole unter anderem mit einer reichen Lokal- und Kulturszene, einem herrlichen Botanischen Garten und einem Museum für die Brüder Nobel, die hier im frühen Ölbusiness Milliarden scheffelten. Die langen Strände im Umland, namentlich in Gonio und Kobuleti, machen die Küste zudem zu einer bei Familien populären Sommerferiendestination.

Oben:
Originalität kann man dieser Fußgängerbrücke, dle Im Kurort Borjomi den hier noch sehr schmalen Fluss Mtkwari überspannt, fürwahr nicht absprechen. Im Hintergrund erhebt sich das nagelneue, formal und farblich auch eher ungewöhnlich gestaltete Crowne Plaza Hotel.

Rechts:
Die ehemalige Villa eines persischen Gesandten in Borjomi: Der Ort erfreute sich dank seiner heilkräftigen Mineralquelle schon zur Zarenzeit nicht nur bei der russischen Aristokratie äußerster Beliebtheit.

Oben:
Die berühmte Jekaterinenquelle sprudelt im hinteren Teil des Kurparks von Borjomi aus dem Boden. Der Trinkpavillon wurde zu Sowjetzeiten umgestaltet.

Ganz links:
Das Sträßchen von Borjomi hinauf in den Kur- und Wintersportort Bakuriani führt durch eine naturbelassene, im Frühsommer von wunderschönen Blütenteppichen bedeckte Wiesenlandschaft.

Links:
Nicht weit von der Jekaterinenquelle in Borjomi führt eine Kabinenseilbahn, deren Design wohl einst als futuristisch galt, auf ein Plateau, auf dem sich seit 2005 ein großes Riesenrad dreht.

Unten:
Die Stadt Akhaltsikhe, zu Deutsch „Neues Schloss“, liegt am Fluss Pozchowi und stand jahrhundertelang unter der Knute eines regionalen Clans namens Dschakeli. Später war es Sitz eines Paschas von osmanischen Gnaden. Hauptsehenswürdigkeit ist die kolossale Schlossanlage, die man vor wenigen Jahren mit immensem Aufwand generalsaniert hat.

Kleine Bilder rechts:
Akhaltsikhes Schloss umfasst neben einer Moschee, einer maurisch anmutenden Wandelgalerie und einem Hotel (von links nach rechts) ein ausgezeichnet bestücktes und gestaltetes Museum zur Geschichte und Kunst der Region.

RABATH

Links:
45 Kilometer südöstlich von Akhaltsikhe, dort, wo rechterhand der Weg nach Vardzia von der Hauptroute Richtung Armenien abzweigt, zieht auf einem Felsen direkt über der Straße die mittelalterliche Festungsruine von Khertvisi den Blick auf sich.

Links unten:
500 Meter ragt die Felswand von Vardzia über dem hier am Oberlauf noch schmächtigen Mtkwari senkrecht empor. Die Höhlenstadt umfasst

in ihrem heutigen Zustand über 400 Räume, 13 Kirchen und 25 Weinkeller. Für die Erkundung auf den teilweise sehr steilen Treppen empfiehlt sich festes Schuhwerk.

Unten:
Die Höhlensiedlung von Vardzia gehört ohne Zweifel zu Georgiens ganz großen Touristenmagneten. Ihre Ursprünge liegen im Nebel der Geschichte. Belegt ist, dass sie um 1200, zur Zeit von Georg III. und seiner Tochter, Königin Tamar, maßgeblich erweitert wurde. In ihrer Blütezeit beherbergte sie in etwa 2000 auf 13 Etagen verteilten Räumen bis zu 800 Mönche. In Krisenzeiten bot sie 50 000 Menschen aus der Umgebung Zuflucht. Doch Zerstörungen durch Invasoren und später ein Erdbeben beschädigten die Anlage massiv. Was blieb, ist freilich beeindruckend genug.

Die Kirche des Klosters Timotesubani beeindruckt mehr noch als durch ihre malerische Lage oberhalb von Borjomi mitten im Wald durch ihre gut erhaltenen, mittelalterlichen Fresken.

Mönchen und Nonnen begegnet der Reisende auf Schritt und Tritt. Die georgische Kirche, zu der sich etwa drei Viertel der Gesamtbevölkerung bekennen, wurde bereits vor dem Jahr 350 Staatskirche. Im 19. und 20. Jahrhundert weitgehend russifiziert und auch marginalisiert, hat sie inzwischen ihre Unabhängigkeit wiedererlangt. Sie genießt Verfassungsrang und muss keine Steuern zahlen. Patriarch ist der Erzbischof von Mtskheta-Tiflis, sein Sitz die Zwminda-Sameba-Kathedrale in der Hauptstadt.

Ganz links:
In Georgiens Gotteshäusern und vielerorts auch auf freiem Feld stößt man auf das sogenannte Ninokreuz. Mit seinen nach unten geneigten Armen gilt es als ein „lebensspendendes“ Hauptsymbol der Landeskirche. Es entstand laut Legende, indem seine Namenspatronin zwei Ruten eines Rebstocks mit ihren Haaren zum christlichen Zeichen verband.

Links und ganz links unten:
Kloster Zarzma steht westlich von Akhaltsikhe, am Fuß des Goderdzi-Passes. Es wurde vor mehr als 1000 Jahren gegründet. Seine Kirche, ein im Inneren reich freskierter, über nahezu quadratischem Grundriss errichteter Zentralkuppelbau, stammt aus dem 14. Jahrhundert. Das aus einem Steinstück gemeißelte Miniaturkirchlein (links unten) ziert, keinen halben Meter hoch, den Vorgarten der Kirche.

Links:
Allgegenwärtig ist in den Kirchen des Landes naturgemäß das Motiv des heiligen Georg. Als Drachen tötender Ritter, allegorisch für den das Gute verkörpernden Christen, der über das Böse triumphiert, ist er auf unzähligen Ikonen abgebildet.

Unten:
Regenwetter in Bakhmaro: Der unweit von Chokhatauri in den Meskheti-Bergen (Region Guria) gelegene Sommerfrische-Ort hat eindeutig schon bessere Tage gesehen. Doch die herrlich unberührte Natur in Kombination mit der Höhenluft auf über 2000 Metern und der vom Schwarzen Meer aufsteigenden Feuchtigkeit verleiht dem Gebiet durchaus Potential für eine touristische Wiedergeburt.

Kleine Bilder rechts:
Diese Bäuerin aus dem bekannten Wander- und Wintersport Bakuriani hat gut lachen; und die Forstarbeiter haben viel zu tun. Denn der Boden in ihrer Heimat, dem Trialetischen Gebirge, das zum Kleinen Kaukasus gehört, ist fruchtbar, die Natur generös. Auch der Pilzverkäufer am Straßenrand bei Khertvisi kann über seine Ernte nicht klagen.

Oben:
Berühmt ist das astronomische Forschungszentrum auf dem Abastumani nahe gelegenen Berg Kanobili. 1892 wurde hier das erste Observatorium in Russland errichtet. Inzwischen ist der Ort mit seinen rund 20 Beobachtungsstationen ein weltweit beachtetes Zentrum seines Faches.

Rechts:
Der nordwestlich von Akhaltsikhe auf 1700 Metern gelegene Ort Abastumani erfreute sich dank seiner schwefelhaltigen Thermalquellen im 19. Jahrhundert im ganzen Russischen Reich als Kurort großer Popularität. Nach 1991 blieben die Gäste aus, die Sanatorien schlossen. Seither geht es nur sehr langsam wieder aufwärts.

Oben:
Der Blick vom Goderdzi-Pass Richtung Westen in die Tallandschaft Adschariens, in der sich haufenweise Wolken vom Schwarzen Meer stauen.

Bilder links:
Unweit von Keda, bei Machunzeti, überspannt seit dem 11. Jahrhundert diese Bogenbrücke den Fluss Atscharis Zqali. Circa zwei Gehstunden vom Scheitel des Goderdzi-Passes liegt einem dieses Landschaftsjuwel, der Grüne See, zu Füßen. Weiter unten im Tal, bei Shuakhevi, labt dieser Wasserfall die Sinne.

Oben:
Aus der Tallandschaft westlich von Akhaltsikhe windet sich eine noch unbefestigte und sehr rumpelige Straße (Stand: Herbst 2015) in langen Kehren auf den Goderdzi-Pass mit seinen herrlichen Ausblicken.

Rechts:
Solche Sommer möchte man allen Kindern wünschen. Naturnäher als diese Kids auf dem Goderdzi-Pass lässt sich's kaum leben. Entsprechend strotzen sie vor Gesundheit.

Links:
Der oft helle Teint, blondes Haar und blaue Augen sind übrigens Indizien dafür, dass im Laufe der Jahrhunderte kaum fremde Invasoren den mühsamen Weg in diese entlegene Gebirgsgegend um den Goderdzi-Pass gefunden haben.

Unten:
Oben auf dem Goderdzi-Pass auf 2000 Meter Seehöhe angekommen, entfaltet sich eine herrliche Naturszenerie. Die Luft: würzig und kühl; die Wiesenmatten: sattgrün; die Hütten: aus Holz und sehr urtümlich; die Ausblicke: die Seele weitend.

Oben und rechts:
Erst 2010 wurde im Herzen der Altstadt die Piazza Batumi eröffnet. Das Geviert verströmt mit seinen schicken Cafés und Restaurants italienisches Flair und dient auch als Ort für Open-Air-Konzerte. Hier traten schon Sting und Placido Domingo vor ein begeistertes Publikum.

Ganz rechts Mitte:
Batumis Synagoge wurde 1904 erbaut und 1929 zu einer Turnhalle degradiert. Seit 1998 dient sie den etwa 500 in Adscharien verbliebenen Juden erneut als religiöses Zentrum.

Ganz rechts unten:
Die Abteilung für Kunstpädagogik der örtlichen Universität residiert in einem repräsentativen Gebäude.

Links:
Die weite Fläche des Europaplatzes im Zentrum der Altstadt Batumis wird begrenzt,von einer Reihe stilistisch so gegensätzlicher wie kurzweiliger Gebäude. In seiner Mitte steht auf hoher Säule Medea, in der rechten Hand das Goldene Vlies.

Unten:
Das nach dem Dichter Ilia Tschawtschawadse benannte, neoklassizistische Theater präsentiert sich, wie auch der neobarocke Brunnen davor, nachts in prächtiger Festbeleuchtung.

Batumis Bulvari, die am Nordrand des Stadtkerns sich parallel zum Strand über sechs Kilometer erstreckende Parkanlage, ist das zentrale Revier aller Müßiggänger. Hier sorgen Strandbars, Cafés, Restaurants, Wasserspiele und schattige Rad- und Spazierwege für Kurzweil und Entspannung. Zwei Attraktionen bilden der nachts in changierende Farbspiele getauchte Uhrturm und, als Reverenz an die georgische Schriftkultur, der 130 Meter hohe Alphabet-Turm mit Drehrestaurant und Aussichtsplattform an der Spitze.

Im Zuge des jüngsten Baubooms konnten sich spielerisch veranlagte Architekten in Batumi nach Herzenslust austoben. Die nach dem Nationaldichter Rustaweli benannte Küstenstraße säumen unter anderem das Weiße Haus und eine Flasche, beide auf dem Kopf stehend, sowie ein Pseudo-Kolosseum. Das Hochhaus mit dem sonderbaren Gondelkarussell im obersten Geschoss sollte eine Universität beherbergen, steht jedoch seit geraumer Zeit schon leer.

Unten:
Am Hafeneingang zieht eine ätherische Metallskulptur, bestehend aus zwei sich fortwährend um sich selbst und zugleich umeinander drehenden Figuren, die Blicke auf sich. Die beiden, Frau und Mann, sind als Ali und Nino bekannt – eine Reverenz an die Protagonisten des zauberhaften, in den 1930er-Jahren von Kurban Said veröffentlichten Liebesroman gleichen Namens.

Ganz unten:
Batumi ist der wichtigste Hafen Georgiens. Öltanker mit bis zu 80 000 Bruttoregistertonnen können hier vor Anker gehen.

Rechts:
Der Reiz der Gegensätze: Das Nebeneinander von hochhaushohen Hoteltürmen, Wohnbauten aus der Sowjetzeit und einem neobarocken, auf Hochglanz renovierten Brunnen zeugt von der sprunghaften, städtebaulichen Entwicklung Batumis.

Links:
Neun Kilometer nördlich der Stadt lädt Batumis Botanischer Garten zu traumhaften Spaziergängen. Auf seinem über 100 Hektar großen Gelände gedeihen mehr als 5000 Pflanzenarten aus – fast – allen Ecken der Erde.

Links Mitte:
Batumi erlebte Ende des 19. Jahrhunderts als westlicher Endpunkt jener Bahnlinie, auf der damals ein Fünftel der Naphta-Weltproduktion aus Baku in Richtung Europa rollte, einen immensen Boom. Ein hochinteressantes Museum erinnert an die Aktivitäten der Gebrüder Nobel, die hier als Investoren die Weichen stellten und so ein Vermögen scheffelten.

Links unten:
Heute fließt das Gros des kaspischen Erdöls durch die Baku-Tbilisi-Ceyhan-Pipeline. Doch der Schienentransport spielt weiterhin eine wichtige Rolle.

Unten:
Rund um das Passagierterminal herrscht emsiges Treiben. Von hier verkehren Fähren unter anderem nach Sotschi, Odessa und in den bulgarischen Hafen Varna.

Seit Georgien – zumindest vorläufig – seiner Küstenprovinz Abchasien verlustig gegangen ist, hat Adscharien dessen Rolle als populärstes Sommerferienziel im Land übernommen. Es sind nicht nur Einheimische, sondern etwa auch viele Armenier, Iraner und natürlich Russen, die hier vor allem im Juli und August, sei es direkt am Wasser oder in den schattigen Dünen dahinter, Sommerspaß und Entspannung suchen.

Die Strände südlich von Batumi – im Bild oben: bei Gonio; links: in Sarpi, direkt an der Grenze zur Türkei – bestehen zwar aus eher groben Kieseln. Doch die Temperaturen sind im Sommer in der Regel subtropisch hoch. Und das hügelige Hinterland schafft mit seiner dichten Vegetation eine wunderschöne, sattgrüne Kulisse.

Register

RUSSLAND
ADYGIEN
Agepsta
3.256 m
Kur. Ritsa
Gora Pshish
3.790 m
Gantiadi
Gagra
Bzipi
Bichvinta
Abchasien
Khimsa
3.033 m
Gudauta
Akhali Atoni
Sukhumi
Tsebelda
Gulripshi
Dranda
Tamishi
Schwarzes Meer
Rize
50 km

RUSSLAND
HERKESSK
scheguta
ATSCHAI-
ERKESSIEN
Prochladny
Baksan
Mosdok
Kisljar
Malgobek
NALTSCHIK
KABARDINO-
BALKARIEN
GROSNY
Gudermes
Kisiljurt
Gora Elbrus
5.642 m
Karabulak
NASRAN
Beslan
Urus-
Martan
Schali
NORD-
OSSETIEN-
ALANIEN
WLADIKAWKAS
INGU-
SCHE-
TIEN
TSCHE-
TSCHENIEN
K a u k a s u s
Gvandra
3.984 m
Maguashirkha
3.852 m
Khojali
3.313 m
Ushba
4.700 m
Mestia
Shkhara
5.068 m
Lajla-Lekheli
4.008 m
Khaishi
S v a n e t i
Ushguli
Chanchakhi
4.461 m
Kazbek
5.033 m
Tsminda
Sameba
Stepanzminda/
Kazbegi
Shatili
Tebulo
4.492 m
Mutso
DAGESTAN
E g r i s i
L e c h a k h u m i
Mele
Lentekhi
Ghebi
Jvari
Gali
Tsalenjikha
Tsikuri
3.173 m
Sosileistsikhe
Tsageri
Kozikhokhi
3.687 m
Nepiskalo
3.519 m
Kobi
Sno
Chewsuretien
Gudani
Gora Diklosmta
4.285 m
Dartlo
Chkhorotsku
Khvanchkara
Oni
Ambrolauri
Kvaisi
Süd-
ossetien
Zugdidi
Darcheli
Nikortsminda
Rioni
Enguri
Kreuzpass
Gudauri
Amgha
3.839 m
Tuschetien
Omalo
Khobi
Jikha
Martvili
Höhle
Prometheus-
Höhle
Sataplia-Höhle
Gelati-Kloster
Sokhta
Didi Gupta
Sachkhere
Chargali
Vaja Pshavela
Museum
Shavikilde
3.578 m
Senaki
Abasha
Khoni
Tskaltubo
KUTAISI
Bagrati
Kathedrale
Chiatura
Dzagina
Vanati
Tskhinvali
I m e r e t i e n
Terjola
Katskhi
Ananuri
Ninikas-Tsikhe
3.116 m
Samtredia
Geguti
Baghdati
Zestafoni
Akhalgori
Tianeti
Alaverdi
Pshaveli
Udabno
Vani
Ali
Abisi
Zhinvali
Chokhatauri
Agara
Kareli
Liakhvi
Kvetara
Akhmeta
Gremi
Khochaldagi
3.428 m
Lanchkhuti
Kharagauli
Khashuri
Gori
Samtavisi
Bodorna
Ikalto
Telavi
Kvareli
Ozurgeti
Borjom-Khara-
gauli NP
Alhaldaba
Atenis
Sioni
Höhlendorf
Uplistsikhe
Mukhrani
Ksnistsikhe
Mtskheta
Tbilisi NP
Al. Chavchavaze-
Museum
Mukuzani
Lagodekhi
Mamukastsikhe
Mepistskaro
2.850 m
Zovreti
GEORGIEN
Borjomi
Timotesubani
Bakuriani
Algeti NP
Sioni Kathedrale
Nariqala
TBILISI
Botan. Garten
Sagarejo
Gurjaani
Zaqatala
Observatorium
Abastumani
Goderzi-
Pass
Adigeni
M e s k h e t i
Adscharien
Khulo
Akhaltsikhe
Atskuristsikhe
T r i a l e t i
Tsalka-
Reservoir
Manglisi
Kojori
Rustavi
Kacheti en
Alazani
Sighnaghi
Tsnori
Bodbe
Khornabuji
Keda
Shuakhevi
histor. Brücke
Kikhani
Rabati/Festung
Aspindza
Khertvisi
Tsalka
Tetri
Tskaro
Tandzia
Marneuli
Gardabani
Dedoplis
Tskaro
S h a v s h e t i
Arsiani
Didi Abuli
3.300 m
Paravani-
See
Bolnisi
Unter-Kartlien
Khrami
David-
Gareja
Kenchauli
2.992 m
Akhalkalaki
Höhlendorf
Vardzia
Gandzani
Javakheti
Dmanisi
Bolnisi
Seoni
Shulaveri
Iori
Iori-Plateau
Shirak-
Steppe
Vashlovani NP
Ninots-
minda
Kura
Mtkvari
Ardahan
TÜRKEI
GJUMRI
WANADSOR
ARMENIEN
ASERBAIDSCHAN
GANCA
Kars

Der vergnügte Gruß gilt dem Reisenden, unterwegs auf einer Dorfstraße nahe der Höhlenstadt Uplistsikhe. Er kommt, so viel steht fest, von Herzen. Und er zeigt zweierlei: Zum einen, dass diese drei Herrschaften, wie sie da spätnachmittags auf ihrer Holzbank vor dem Gartenzaun sitzen, offensichtlich nicht gerade an Stress leiden. Auch Internet und Smartphone scheinen ihnen im Moment nicht wirklich abzugehen. Was der Blick in ihre Gesichter außerdem offenbart: eine in dieser Welt selten gewordene, arglose Freundlichkeit Fremden gegenüber. Es handelt sich zweifellos um Georgier.

Impressum

Buchgestaltung
Matthias Kneusslin
www.hoyerdesign.de

Karte
Fischer Kartografie, Aichach

Printed in Italy
Repro: Artilitho snc, Lavis-Trento, Italien, www.artilitho.com
Druck und Verarbeitung:
Grafiche Stella srl, Verona, Italien, www.grafichestella.it

ISBN 978-3-8003-4356-0

Unser gesamtes Programm finden Sie unter:
www.verlagshaus.com

Besonderer Dank an:
Das Team der
GEORGIAN NATIONAL TOURISM ADMINISTRATION (GNTA)
namentlich Tamar Kakhidze, Masho Bojgua, Nino Turashvili und Tornike Zirakishvili
www.georgia.travel
www.gnta.ge

Dank auch an:
Tsotne Japaridze, Alexandre Mujiri, Theona Gubba-Chkheidze, Eva Berger, Margret Schmidt sowie Darejan Mumladze und Sofie Sakvarelidze von der Georgischen Botschaft in Wien.

Empfehlung des Autors für Individualreisende:
TRAFFIC TRAVEL LLC
25 R.Tabukashvili St.
Tbilisi 0108, Georgia
Office: +995 322 99 02 16
Mob.: +995 599 14 14 25
www.traffictravel.ge
info@traffictravel.net
facebook.com/traffictravel